犀の角のようにただ独り歩め

――「スッタニパータ」

街場の平成論

晶文社

装丁　佐藤直樹＋菊地昌隆（アジール）

まえがき

みなさんこんにちは、内田樹です。

本書は平成の30年間を回顧する論集です。どういう趣旨の書物であるかを明らかにするために、寄稿者たちに執筆依頼した文章をまず掲げることにします。

みなさんこんにちは、内田樹です。

この出だしを見て「おお、また『あれ』か……」と身構えた皆さん、勘いいですね。ご賢察の通りです。内田を編者にしたアンソロジーの企画をまたまた晶文社の安藤聡さんが立案しました。今回のテーマは「平成を総括する」です。これはみなさんにご寄稿をお願いするメールであります。

この30年ずいぶんたくさんの事件があり、世界の表情はずいぶん変わりました。

30年前、平成が始まった年、1989年のことをみなさんは覚えておいでですか。89年というのは、北京で天安門が起き、ポーランドで「連帯」が圧勝し、鄧小平から江沢民への世代交代があり、ドイツのホーネッカーが失脚し、ソニーがコロンビア映画を買収し、三菱地所がロックフェラーセンターを買収し、ベルリンの壁が崩れ、ルーマニアのチャウシェスクが失脚し、日経平均株価が史上最高値を記録した年でした。それに加えて、わが国では昭和天皇の崩御と、今上天皇の即位があったのです。ちなみに首相は竹下登、宇野宗佑、海部俊樹と1年間で3人を数えました。

こう列挙してみただけで、それからの30年で世の中の「空気」がずいぶん変わってしまったことに気づくはずです。

僕たちは出来事が起きた後に回顧的に過去を振り返りますので、1989年から2018年まで、すべての出来事は因果関係に従って経時的に継起してきたと考えがちです。でも、ほんとうにそうでしょうか。ちょっとだけ、時計を30年戻して、1989年を思い出して下さい。みなさんはその時に「これから世界はどうなるだろう」と予測していましたか？　30年後の世界が「こんなふう」になっていると想像していましたか？

想像していなかったと思います。

あの年に、30年後にはロシアの市民たちがプーチンのような強権的な支配者を歓呼の声で迎え、習近平が軍事的・経済的成功を背景に毛沢東以来の個人崇拝体制を再構築し、アメリカがドナルド・トランプのような知性と倫理性にともに問題をかかえた人物を大統領に戴くことになると想像できた人なんて、ほとんどいなかっただろうと僕は思います。

少なくとも、僕はまったく想像していませんでした。

僕は東欧の市民革命はさらに進行するだろうと思っていました。ロシアは覇権国家としての行き方を放棄し、二度とかつての国威を回復することはないだろう。中国政府はいずれしぶしぶとではあれ民主化に譲歩して、市民社会の成熟と歩調を合わせるようにして近代化を遂げるだろう。そして、日本についてはこう考えていました。

日本はさらに金持ちになるだろう。世界中の土地や権益を買い漁り、札びらで相手の頬を叩くようなしかたで世界各地に事実上の「植民地」を手に入れるだろう。宗主国アメリカには欲しがるだけの「小遣い」を渡してうるさい口出しを封じ、そうすることで「国家主権を金で買い戻す」という世界史上どんな国も果たし得なかった偉業を成し遂げるだろう。その成功体験は日本人すべてが自信たっぷりの厭味な拝金主義者になるという重篤な副作用をもたらすだろう。

漠然とそんな未来を僕は予期していました。きちんと書き留めておいたわけではないので、いくらかは「後知恵」も含まれていますが、それでも「社会主義圏に強権政治が復活することはもうないだろう」、「これからは軍事力の多寡ではなくて、提示できるグローバルなヴィジョンの良否が国際関係でのイニシアティヴを決するだろう」、「日本は世界一の金持ち国になるだろう」ということについてはかなりの確信を抱いていました。

でも、この予測はことごとく外れました。

もちろん89年時点でも、30年後に世界がこんなふうになる「芽」のようなものはあったはずです。あったからこそ「こんなこと」になったわけですから。でも、それはほとうに「芽」のようなものに過ぎなかった。それ以外にもっと将来性のある「芽」がたくさんあって、すでに枝葉を茂らせていて、あと少しで花を咲かせようとしていた。

でも、30年経ってみたら、期待されていたような花は咲かず、まさかと思われた「芽」ばかりがすくすく育って、「こんなふうになるとは思わなかった」世界が現実のものとなった。

どうして「起きてもいいこと」が現実にならず、「起きるはずがなかったこと」の方が現実になったのか?

歴史家はふつう「起きなかったこと」については「それはなぜ起きなかったのか?」というような問いは立てません。でも、「起きてもいいことが起きなかったのはなぜか?」というのは世界の成り立ちと人間の行動を根源的に考察するときに有効な問いのひとつだと僕は思っています。

今回はみなさんには平成の30年間の総括をお願いします。どんなトピックをどんな切り口で論じて頂いても結構です。

でも、執筆者のみなさんに僕から一つだけお願いしたいことがあります。

それは今から30年前、１９８９年時点に想像的に立ち戻って、まだ「未来が霧の中」だった時に、みなさんが感じていた期待や不安やときめきを思い出してほしいということです。その時点で望見していた30年後の世界と、現実の世界を並べて、少しだけの間その二つを見比べて欲しいということです。書き始める前の「儀式」として、一度だけやってみてください。僕からはそれだけです。

どうぞよろしくお願い致します。

というのが、僕から寄稿者たちへの依頼の文章でした。

今回集まった原稿を通読してみましたら、果たして全員が「１９８９年時点で、まだ未来が霧の中だった時点に想像的に立ち戻る」という「儀式」を済ませてから書き始めてくださっていました（そう思います）。そして、全員が「30年前にはまさかこんなことになるとは思わなかった」という感懐を抱いていたように思われました。

まえがきとして、ここでは「どうして僕たちの未来予測はこんなに劇的にはずれてしまったのか」について考えてみたいと思います。

本書の寄稿者の中では仲野徹先生が「予測不能性」を主題にして書かれていました。その中で1960年に当時の科学技術庁が21世紀の科学的達成を予測した書物に言及されています。予測のうち当たったのはわずか2～3割だったそうです。

医学分野では、感染症は根絶され、人工臓器が開発され、臓器移植は実現されず、ストレスフルなライフスタイルのせいで胃潰瘍（！）が代表的な消化器疾患になっていると予測されていましたが、現実には、根絶された感染症は天然痘だけでしたし、人工臓器開発は進まず、逆に臓器移植は長足の進歩を遂げ、胃潰瘍は特効薬が開発されて、重篤な病気ではなくなりました。

自然科学はそれまでの達成の上に新しいものが付け加わるという直線的な開明と高度化のプロセスをたどります。世界の仕組みは科学の進歩によって間違いなくより明らかになってゆきます。「科学技術が次第に退化する」とか「重要な科学的発見がどんどん忘れられてゆく」というようなことは自然科学の分野では起こりません。それでも予測は困難なのです。ましてや、政治や経済においておや。

というのは、政治経済領域では、政治家やビジネスマンの資質が劣化するとか、歴史的教訓が忘れられるとか、深遠な知見が打ち捨てられるとかいうことはまさに日常茶飯事だからです。開明化・高度化した場合に何が起きるかを予測しなければいけないだけではなく、迷蒙化・暗黒化したり、あらぬ彼方へ逸脱したりした場合も勘定に入れて僕たちは未来を予測しなければならない。当たるはずがありません。

でも、外れる予測をそれでも繰り返し立てることはたいせつな仕事だと僕は思います。それは「どうして起きてもよい『あのこと』は起きなかったのか？」という問いと「どうして起きなくてもよかった『このこと』は起きてしまったのか？」という問いを組み合わせることで、僕たちの生きるこの世界はより一層複雑なものに見えてくるからです。

ただでさえ複雑な世の中をよけい複雑にしてどうするんだと苛つく方もおられるかも知れません。でも、複雑なものを複雑なまま扱うというのも重要な知性の働きです。その作業を遂行するためにはタフな知力が要ります。

「タフ」というのは、質はともかく丈夫であるということです。いろいろなものを詰め込める。いろいろなものを詰め込んでも壊れない頭のことです。複雑なものを複雑なまま扱うためには「よい頭」というよりはむしろ「丈夫な頭」が要るのです。

頭のいい人は複雑なものを複雑なまま扱うことをしません。複雑な話を単純化する手際にこそ「頭のよさ」が鮮やかに示されると彼らは信じているからです。実際、頭がいいとそういうことができるのです。ややこしい話を切れ味よくすぱっと切り分けて、われわれを「なんだ、こんなに簡単な話だったのか」と得心させてくれる。読者としては知的負荷が一気に軽減するので、こんなにありがたいことはありません。ですからつい、そういう切れ味のよい仮説に飛びついてしまう。

でも、申し訳ないけれど、「切れ味のよい仮説」の賞味期限は人々が期待するほど長くはありません。すぐにその仮説ではうまく説明できない事象が出来する。そのときに「あ、自分の仮説は間違っていた」とさくっと自説を撤回してくださるといいんですけれど、なかなかそうはなりません。というのは、「頭のいい人」の頭の良さは「複雑な話を単純化する」ことと同じく「自分の間違いを間違っていなかったかのように取り繕う」手際において際立つからです。これは長く生きて来た僕が確信を込めて断言することができることの一つです。ほんとうにたいしたものです。思わず拍手したくなることさえあります。

でも、そうやってご自身の知的体面は保ったとしても、それは集団的な知性の働きには資するところがありません。資するところがないどころか、むしろ有害です。

うまく説明できないことは「うまく説明できないこと」として、そのままパブリックドメインに公開しておいて、誰か説明できる人の出現を待つというのが知性のほんらいのマナーではないかと僕は思っています。自分には説明できないことでも、誰か別の人や、未来の人なら説明してくれるかも知れない。ですから、その人たちが仕事をしやすいようにしておく。「この問題は解決できませんでした」、「この事象は説明できませんでした」、「こんな出来事が起きるとは予測もできませんでした」というわれわれの知性の不調についてのタグをわかりやすく、見やすいところに付けておく。

世の中には「これ一冊読めば目から鱗が落ちて、世界のすべてのことが理解できる」という触れ込みで書かれる本もありますし、本書のように、知性の不調についての点検報告書のような本もある。

でも、そういう作業は絶対に必要だと僕は思います。みなさんだって、自分の車を仕業点検するときには、「ブレーキの効きが悪い」とか「エンジンから異音がする」ということの方を「オーディオの音質がすばらしい」とか「シートの革の艶がみごと」ということよりも優先的に配慮しますでしょ。不調を放置しておくと命にかかわるから。こういう問題だって同じです。

というわけで、僕がこの本の寄稿者に選んだのは「頭のいい人たち」というよりは「頭の丈夫な人」たちでした（こんなことを書くと怒られそうですけれど）。寄稿者リストを作ったときにはそんなことを考えて選考したわけではないのですけれど、集まった原稿を読んだら、そういう印象を受けました。みなさんも最後まで読んで頂ければわかりますけれど、読み終えて「なるほど、そういうことだったのか。なんだ世の中というのは思いのほか簡単なものだったのだな」と膝を打つということは絶対にありません。それは保証します。寄稿者のみなさんは、書きながらどんどん話を複雑にして、収拾のつかない難問のうちにどんどん踏み込んでいって、途中で「紙数が尽きた」で読者を放り出して終わり……という感じです（わりと）。

読者サービスという点ではいささか問題がありそうですけれども、でも、「読んですっきりする」ということと「読んでどきどきする」というのはレベルの違う経験なんです。

複雑な世界をその複雑さ込みで高い解像度で記述するというのは、なかなかたいした仕事なんです。ほんとうに。そういうものを読むことはある種の高揚感をもたらします。それは、複雑に見える世界が実はとても単純なものだったという「心安らぐお話」を聴かされてほっとするときの安堵感とは異質のものなのです。

本書がそういう種類の高揚感をもたらすものであることを編者としてはつよく願っています。

最後になりましたが、お忙しい中、面倒な仕事をお引き受けくださった寄稿者の皆さんのご協力と、編集の労をとってくださった晶文社の安藤聡さんの忍耐と雅量に深く感謝申し上げます。

２０１９年１月

内田樹

街場の平成論　目次

戦後史五段階区分説

内田樹

内田樹（うちだ・たつる）
1950年、東京都生まれ。東京大学文学部仏文科卒業。東京都立大学大学院博士課程中退。凱風館館長。神戸女学院大学文学部名誉教授。専門はフランス現代思想、映画論、武道論。著書に『ためらいの倫理学』（角川文庫）、『「おじさん」的思考』『街場の憂国論』（共に晶文社）、『先生はえらい』（ちくまプリマー新書）、『街場の戦争論』（ミシマ社）、『最終講義』（文春文庫）、『困難な成熟』（夜間飛行）、『困難な結婚』（アルテスパブリッシング）、編著に『日本の反知性主義』『転換期を生きるきみたちへ』（共に晶文社）など多数。『私家版・ユダヤ文化論』（文春新書）で第6回小林秀雄賞、『日本辺境論』（新潮新書）で新書大賞2010受賞。第3回伊丹十三賞受賞。

隆盛から衰退への転換期

「平成の30年はどんな時代でしたか?」と問われたら、私は「日本の国運が隆盛から衰退に切り替わった転換期だった」と答える。１９８９年から２０１９年までの時代の変化は「右肩上がり」とか「長期低落傾向」というような一本調子のものではなく、上り調子だった国がある時点で国力がピークアウトして、以後は没落のプロセスをたどって今日に至るという変化に富んだものだった。「祇園精舎の鐘の声　諸行無常の響きあり　沙羅双樹の花の色盛者必衰の理をあらはす」と古詩に言う通りである。日本がその絶頂を迎え、没落が始まり、しだいに加速して日本がどんどんダメになってゆくプロセスを私たちは「砂かぶりで」見ていたのである。だから、上り調子のときの国民はどんなふうで、落ち目になるとそれがどう変わるかを間近に観察することができた。貴重な経験だったと思う。「一身にして二世を生きた」とまでは言わないが、「盛者必衰の理」は身に浸みた。

「国運」というのは「国の勢い」のことである。実体があるものではないし、数値的に表示できるものでもない。だから、ＧＤＰや平均株価や平均賃金で検出することはできない。逆である。それらの数値の方が国運の盛衰の付帯現象なのである。それは結果であって、原因ではない。

国運というのは「国の勢い」である。勢いであるという以上「微分的」な動性のことであって実体がない。それは一つの時代にひろく共有された「気分」のことである。

国運が上向きな時は、「なんだかこれからいろいろ面白いことが起こりそうだ」という気分が無根拠に横溢し、そのせいで冒険的な企画が歓迎され、新奇なものに対して人々が寛容になる。そして、なにごとによらず「評価を急がず、ことの消長を長い目で見きわめよう」という態度が「上の人」においてもドミナントになる。タイムスパンの取り方が鷹揚になる。どうしてか知らないけれど、なんとなくそうなるのである。「まあ、いいじゃないか。やりたいというのなら、やらせてみよう」というような言葉づかいがふと口を衝いて出てしまうのである。歌謡曲の歌詞とか、テレビドラマの台詞とかに。

「そのうちなんとかなるだろう」というのは植木等が歌った「だまって俺について来い」の歌詞（作詞・青島幸男）である。１９６４年の「時代の気分」をこれほどみごとに言い表したフレーズを私は他に知らない。まさにこの時代に横溢していたのは、「銭のないやつ」も「彼女のないやつ」も「仕事のないやつ」も「黙って俺について」くれば、「そのうち何とかなる」というワイルドで無根拠な楽天性だった。そして、実際に、そういう朗らかな気分でいるうちに、いろいろな問題は何とかなってしまったのである。

国運がピークアウトする直前の平成の「時代の気分」はどんなものだったか。つい四半世紀前のことなのだが、もう記憶はおぼろげだ。

トレンディとは諸行無常の謂い

先日『東京ラブストーリー』という鈴木保奈美と織田裕二が出て一世を風靡した「トレンディ・ドラマ」（これもほとんど死語だ）が再放送されたので録画して一気に見た。1991年の1月から3月に放送されたものである。時代の「気分」を知るにはやはりテレビドラマはマンガや映画に対して一日の長がある。録画されて繰り返し鑑賞されるということを前提にして制作されていないからである。それどころか、これらの「トレンディ」なドラマは観られると同時に忘れられることを前提に作られている。視聴者たちもまた「ここで語られている言葉や、ここで着られているファッションや、ここで自然とされているふるまいは『期間限定』的なものであって、少し時間が経てば、意味不明になったり、滑稽に見えたりする」ということをわきまえた上でドラマを楽しんでいたはずである。まさにその「諸行無常」性のことを「トレンディ」と称するのである。

とまれ、『東京ラブストーリー』を観て、私がまず驚いたのは、22、3歳の主人公たちの可処分所得の大きさであった。織田裕二も鈴木保奈美も豪奢なマンションに1人暮らししていて、鈴木保奈美は毎日出勤するごとに服を替え、2人とも毎晩のように六本木や青山や麻布で飲み食いをし、織田裕二はドラマの中で一度もカップラーメンを食べないし、ハンバーガーも食べない。四半世紀前の若者はほんとうにリッチだったのだと思わず嘆息が漏れた。

けれども、それ以上に私が驚いたのは、勤務先の上司（西岡徳馬）の部下たちに対する甘さである。「あなたは勤務考課というようなことはなされないのか」と私は画面に向かってつい中腰になって口を尖らせてしまったほどである。

いや、よい上司なのである。部下のミスを咎めることもしないし、居丈高に恫喝することもしない。「お前が責任とれよな。オレは知らんぞ」というような非道なことも言わない。部下たちの私生活にまで気づかいを示し、「おい、昼飯でも付き合うか？」と自分から誘う。まるでものわかりのよい「お兄さん」である。部下たちを暖かい眼でみつめて、彼らの成長を気長に待っている。

これが今から27年前の「トレンディな上司」だったのだということに私は胸を衝かれた。当時の視聴者たちはこれを見て「そんな上司がこの世にいるわけないじゃないか。絵空事を言うな」というような不満を抱かなかったということに私たちはもっと驚くべきだと思う。四半世紀前には、若者たちの周りには「そういうものわかりのよい上司」が現にいたのである。「ブラック企業」というような言葉も90年代はじめには聞いたことがなかった。

もちろん、人間の質それ自体はそんなに短期間では変わらない。だから、変わったのは人間ではなく、時代の気分なのだ。平成のはじめの頃は「まあ、いいじゃないか。いろいろ若い連中にも考えはあるんだろうから。やりたいことをやらせてやれよ」というようなことを言うのが「政治的に正しい管理職」だという気分が支配的だったのである。そして、そのような気分は四半世紀経って見事に、跡形もなくかき消え去った。そういうことである。

時代の気分を軽んじてはいけない

でも、そのような気分の変化は外形的・数値的なデータでは示すことができない。ふわふわした時代の気分はとらえどころがない。だから、そんな不確かなものに基づいて一国の歴史的な推移を語るということは歴史家もしないし、批評家もしない。誰もしてくれないので、私がしてみようと思う。

私は若い頃にフランスの19世紀20世紀の政治思想、主に反ユダヤ主義について集中的に研究していたことがある。学術領域名で言うと「思想史」ということになるが、これは「時代の気分」を扱うものだった。

反ユダヤ主義というのは現実的根拠のない病的妄想である。「世界はユダヤ人の秘密組織によって支配されており、わが国の政治も経済もメディアも学術もユダヤ人が裏でコントロールしている。彼らを排除すればわれわれの国は原初の清浄と健全さを回復する」というたいへん毒性の強い社会理論(のようなもの)である。でも、その妄説を信じた人たちによってのちに600万人のユダヤ人が現実に殺されることになった。その結果、第二次世界大戦後にイスラエルという現実の国が誕生した。ホロコーストがなければ、イスラエルは建国されなかったかも知れないし、建国されたとしても「こんな国」にはなっていなかったと思う。イスラエルはこれ以上一方的に殺されるのはもう堪らないと思ったユダヤ人たちが自分たちの命を守るために緊急避難的に作った国である。そして、この国は今も自分たちの命を守るために「敵」を殺し続けている。

妄説によって「敵」が創り出され、それが殺され、その犠牲者たちが復讐のために「敵」を殺し、その犠牲者たちが復讐のためにまた「敵」を殺し……という救いのない円環も、元をただせば19世紀の末にヨーロッパの人々に取り憑いた政治的妄想である。だから、妄想侮るべからずと申し上げているのである。根拠のない妄想にも現実変成力はある。そして、ひとたび変成された現実は、誰がなんと言おうと、揺るがすことのできぬ歴史的現実となるのである。

例えば、歴史修正主義というのは無根拠な妄説の集積であるが、時代の気分によって勢いづくことがある。そういう時には、特定の集団に憎しみを抱き、蔑み、排除し、迫害することに異常な熱意を抱く人たちが湧いて出て来る。そして、彼らが実際に行ったことによって現に傷つく人がいて、破壊されるものがある。それは揺るがすことのできない歴史的現実である。妄想を侮るべきではない。時代の気分を軽んじてはいけない。私はそう思う。

他責的な説明をする人びと

私たちは今、戦後民主主義体制が音を立てて瓦解してゆくプロセスを見つめているけれど、この亡国的なプロセスを駆動しているのは、現実的な理由ではない。『あいつら』を排除しなければ、この国は原初の清浄と健全さを回復できない」という病的妄想である。「あいつら」にはいろいろな好きな名詞を代入することができる。だから、同型的な妄想に基づいて現実を解釈している人々はそれぞれ同床にあって異夢を見ているのだが、妄想の同型性という点では同類である。

ピークアウト後の衰運局面に入ったわが国で、あちこちでシステムが機能不全を起こしているのはさまざまな要素が絡んでいて、単一の原因には帰し得ないと私は思っている。とりわけ人口減と高齢化という自然過程が衰運の一因であるが、それは人為ではない(人口減については、「フェミニズムのせいだ」とか「戦後民主主義のせいだ」とか他責的な説明をする人たちがいるが、彼らは少し前まで日本でも他国でも「人口問題」といったら「人口が増え過ぎて困る」という話だったことを失念されているようである。それほど不調な記憶力で社会問題について語ってよろしいのか)。

わが国は衰運のうちにあるが、「あいつら」と特定できるような集団がどこかにいて、それが自己利益を増すために国力を衰微させているというわけではない。そんな「分かりやすい話」ではこの現実を説明することはできない。それで説明ができるなら話は簡単だ。そして、まことに気鬱なことに、国力が衰微してきたことのもっとも際立った特徴は、「国力が衰微したのは誰のせいだ?」という他責的な言葉づかいが幅を利かせるようになるということなのである。これこそが国民的な知的劣化の指標なのである。

「日本の国力が衰微したのは誰のせいだ?」アメリカが悪い、中国が悪い、韓国が悪い、強欲資本主義が悪い、左翼が悪い、日教組が悪い、……といろいろな理説が花盛りとなるけれど、残念ながら、これらのどれも「原因」ではない。

例えば、安倍政権の長期支配を日本の国力が衰微したことの「原因」に挙げる人がいるかも知れないけれど、私はその判断に与しない。落ち目の国だからこそあのような人物が長期政権の座を享受できているのである。安倍政権の繁盛は「結果」であって、「原因」ではない。

「すべてを説明できる統一理論」の誘惑に屈することなく

「社会のすべての不幸の背後には、それを仕掛け、それから受益している張本人(author)がいる」という信憑形式が、どれほど歴史的な惨事を引き起こしても、懲りずに繰り返し再生してくるのは、それが「一見ランダムに生起しているように見えるすべての出来事の背後にはシンプルな秩序が存在する」ことを切望する人間の知性の根源的な趨勢となじみがよいからである。現に、そのような切望に駆動されて、人間は「一神教」というものを生み出し、自然科学を発展させてきた。「発酵と腐敗」と同じで、陰謀史観と信仰／科学は「ランダムな現象の背後にある整然たる数理的秩序」を渇望する点においては同一の、きわめて人間的な指向なのである。出て来る結果が人間社会にとって「ろくでもないもの」であるのか「けっこうなもの」であるかの違いがあるだけで、渇望の構造そのものには違いはない。

私は以下の論考においては、この渇望に屈することなく、「すべてを説明できる統一理論」の誘惑をできる限り退けながら話を進めたいと思っている。今ある世界の姿は「たまたま、こんなふうになってしまった」だけで、誰かが（ラプラスの魔のような「オーサー」が）宇宙的サイズの工程表に基づいて粛々と進めている工事ではない、というのが私の考察の前提である。だから、読み終えても読者の皆さんは「なるほど、そういうことだったのか。話を聴いていろいろなことが腑に落ちた」というふうにはたぶんならないと思う。「なんだか、よけい頭がこんがらがった」ということになって不満顔で読み終わることになると思う。申し訳ないけれど。

前置きは以上である。話を始める。これまで日本社会で時代の気分はどう変わってきたかという話である。もう一度確認するけれど、これは何の史料的根拠もないし、数値的エビデンスもない「与太話」である。知的な人は相手にしてくれないかも知れないが、私は「そうだ」と思っている。

国家主権の回復を目指して

1945年に日本は戦争に負けて、国土を失い、国富を失い、国家主権を失った。だから、戦後日本の国民的課題は「国土の回復、国富の回復、国家主権の回復」というたいへんシンプルなものだった。

国家主権の回復は形式的にはサンフランシスコ講和条約によって果たされた。しかし、事実上はアメリカの属国になった。それはポツダム宣言と51年に日米間で締結された旧安保条約を読み比べるとわかる。

ポツダム宣言第6条にはこうある。「日本国民を欺いて世界征服に乗り出す過ちを犯させた勢力を永久に除去する。無責任な軍国主義が世界から駆逐されるまでは、平和と安全と正義の新秩序も現れ得ないからである。」

続く第7条にはこうある。「第6条の新秩序が確立され、戦争能力が失われたことが確認される時までは、われわれの指示する基本的目的の達成を確保するため、日本国領域内の諸地点は占領されるべきものとする。」（強調は内田）

日本から戦争能力がなくなればアメリカの占領は終わるとポツダム宣言はうたっていた。だが、51年に締結された旧日米安保条約の前文を読むと話が違う。

「日本に独自の防衛力が充分に構築されていないことを認識し、また国連憲章が各国に自衛権を認めていることを認識し、その上で防衛用の暫定措置として、日本はアメリカ軍が日本国内に駐留することを希望している。」(強調は内田)

ポツダム宣言では「日本に戦争遂行能力がある限り駐留する」とされた米軍は、安保条約では「日本に戦争遂行能力がない以上駐留する」ということになった。つまり、日本に戦争遂行能力があろうとなかろうと米軍は日本に駐留し続けるということがここに宣言されたのである。

問題は、この米軍の半永久的な駐留は日本が「希望」したことで実現したという話になっていることである。米軍が日本国内に駐留するのは日本の国家主権の「制限」ではなく、日本の国家主権の「発動」であるという、これ以後日米関係を貫く倒錯的なレトリックがこのときに構築されたのである。

当時国務長官顧問であったジョン・フォスター・ダレスは「われわれは日本に、望むだけの軍隊を、望む場所に、望むだけの期間駐留させる」と公言したけれど、日米安保条約の本質はここに尽くされている。

日本はアメリカに主権を制限された「半国家」である。だから、戦後日本の国家的課題は、その属国状態からどうやって脱却して、ほんとうの意味での主権国家となるかということに集約される。それこそが日本人が取り組むべき最優先の課題であり、そのためのロードマップを構想することが国家戦略の基礎となるべきである。同意してくれる人はきわめて少ないけれど、私はそう考えている。

対米従属を通じての対米自立の獲得

しかし、戦後日本政府はついにこの課題を正面から取り上げることがなかった。そして、米軍駐留は日本政府の要請で実現した事態であるので、米軍基地が存在することは日本が国家主権を保持していることの証拠であるという、日本人以外誰も信じない奇妙な話を語り続けてきた。

もちろん日本国民自身も、そんな与太話を信じていたわけではない。けれども、そうでも言わないと格好がつかないほど日本は戦争にひどい負け方をしたのである。現実を直視することができないほど弱り切っていたのである。失敗を反省し、そこから教訓を引き出すというような作業はそれなりの体力と向上心のある人間にしかできない。そして、敗戦後の日本人にはそんな体力も向上心もなかったのである。とりあえず、今日を生き延び、明日の米びつのことを考えるのに精いっぱいで、反省なんかしている暇はなかったのである。

私はそれを責める資格が自分にあると思わない。私は戦後5年経って生まれた戦後世代である。１９５０年代はじめの東京がどれほど貧相な街だったか、子どもたちがどれほど薄汚れていたか、どれほどみすぼらしい生活をしていたのか、私はよく記憶している。それでも、とりあえず憲兵も特高も隣組もなくなった。言論の自由があり、組合活動で労働者たちは権利を声高に請求できるようになり、女性には選挙権が与えられた、学校ではＰＴＡの親たちが「二度と軍国教育がなされないように」鋭い視線を送っていた。朝鮮戦争特需で金回りもよくなってきて、月給が上がり始めた。そういう時代である。日本は「半国家」であり、１００％の国家主権を享受し得ていないことを不満に思うような「余裕」は日本人にはなかった。

その一方で、政治家たちは属国状態からの脱却を成し遂げるために悪戦していた。彼らが見出した方策は「徹底的な対米従属を通じての対米自立の獲得」というトリッキーなものだった。「対米従属即対米自立」、アメリカに徹底的に従属し、アメリカの信頼を得て、アメリカから主権的にふるまうことを「許してもらう」という倒錯した戦略である。

けれども、戦後日本人は国家主権の回復のためにこれ以外に有効な選択肢を思いつかなかった。ソ連や中国と通じて、共産主義革命を起こして、米軍を日本列島から追い払うという選択肢も仮定の話としては検討されたはずだけれど、それは誰が考えても「表口から狼を追い出して、裏口から虎を誘い込む」ような話だった。

日本は朝鮮戦争、ベトナム戦争でアメリカの後方支援基地として忠義を尽くした。そして、その報奨として、68年に小笠原諸島が、72年には沖縄の施政権が返還された。講和条約から20年で国土が少しずつ戻ってきたのである。この時点までは「対米従属を通じての対米自立」という国家戦略は成功とみなすことが可能だった。だから、日本人の多数は「これでいい。これからもひたすらアメリカに従属しよう。そうしていれば、いずれ基地も返還され、駐留軍も去り、安全保障についても外交戦略についても日本は主権的にふるまうことが許されるようになるだろう」と信じた。ここまでを私は戦後日本の「第一段階」と呼びたいと思う。

高度成長期におけるアメリカとの経済戦争

もちろん、日本人全員が「これでいい」と思っていたわけではない。この屈辱的な対米従属への不満は反米ナショナリズム運動として繰り返し解発された。砂川闘争も60年安保闘争も70年前後のベトナム反戦闘争もそうだった。これらは日本国民として米軍に占領されているという事態に対するごく自然な感情的反応だったと思う。けれども、それを「反米ナショナリズムの戦い」だと平明なまなざしで見立てた人は少数にとどまった。戦中派の中にはそう見た人もいただろうけれど、私が知っている60~70年代の左翼の学生たちのうちに、自分たちが「ナショナリスト」的なセンチメントに駆動されている可能性を吟味するほど内省的だったものはほとんどいなかった。でも、時間が経ってから振り返れば、当時は「左翼」の政治闘争とみなされていたこれらの闘争は間違いなく「反米ナショナリズム」的な情念を伏流させていた。「外国軍隊が国土に常駐しており、外国軍によって国家主権が侵されていること」への素朴な憂国の情に駆動されていたのである。

それは68年の米海軍の空母エンタープライズ号の佐世保入港反対闘争のときに左翼の学生たちが採用した「ヘルメットにゲバ棒に自治会旗」という衣装から知れる。あれはペリー提督が黒船で来航したときに江戸の旗本たちがそれを迎え撃つために身にまとった哀しいほど時代遅れの「兜と槍と旗指物」を記号的に表象していたのである。でも、当時は当の学生たちもテレビでそれを見ていた人々も誰も気がつかなかった。

もちろん、この「抑圧された反米ナショナリズム」は左翼に固有の病態ではない。表向きは日米同盟基軸路線を支持しつつ、無意識的には反米的にふるまうという屈折した反応も見られたのである。

高度成長期をドライブしていった日本人の心性はその意味ではかなり「病的」なものだったのである。当時、日本人のビジネスマンは「エコノミック・アニマル」と国際社会で蔑称されていたが、「アニマル」と言われるほどに金儲けに貪欲であったのは、たんなる吝嗇や守銭奴根性のゆえではない。「アニマル」たちは無意識的にはアメリカとの経済戦争を戦っていたからである。

江藤淳は63年にアメリカで出会った同級生の商社マンの口からこんな言葉を聞いている。

「おれがばかみたいに一生懸命やっているのは、おれだけじゃない、うちの連中がみんな必死になって東奔西走しているのはな、戦争をしているからだ。日米戦争が二十何年か前に終わったなんていうのは、お前らみたいな文士や学者の寝言だよ。いいか、完全にナンセンスな寝言だぞ。これは経済競争なんていうものじゃない。戦争だ。それがずうっと続いているんだ。おれたちはそれを戦っているのだ。今度は敗けられない」

（江藤淳「エデンの東にて」、『江藤淳コレクション1　史論』ちくま学芸文庫、２００１年、20～21ページ、初出は１９６９年）

60年代以降の驚異的な高度成長をドライブしていたインセンティブのうちには間違いなくこの戦中派の商社マンが語ったような「アメリカを相手にした二度目の戦争には負けられない」という悲願があった。つまり、この時期、日本人のある者は革命闘争のつもりで、ある者は経済活動として「反米の戦い」を戦っていたのである。そして、まことに皮肉なことに、全国民が左右の別なく、官民一体となって、口に出さぬまま反米的であったその時に日本の国運は爆発的に向上したのである。これが戦後日本の対米関係の「第二段階」である。

抑圧された欲望の回帰

この「あえて口に出されることのないまま国民的に共有された反米ナショナリズム」は50年代から60年代、70年代を通じて日本国民を無意識的に駆動し続けたと私は考えている。でも、それは繰り返し言うように、日本人の意識には前景化しなかった。意識化すること、言挙げすることには強い抑圧が働いていたからである。保守派にとっては、それを口にすることは日米安保の欺瞞性を認めることになる。左翼にとっては、それを口にすることは「ナショナリズム」という唾棄すべきブルジョワ・イデオロギーに半身を浸していると認めることになる。だから、日本人は（江藤淳の友人のような例外的に率直な人物を除いては）、「アメリカからの国土回復と国権奪還」が日本人の悲願であり、戦後日本のすべての活動はそれを原動力にして動いているのだということを、あえて口にしなかった。そして、この抑圧が加圧されるほど反米ナショナリズムはより大きなエネルギーを日本人に備給し続けた。そして、フロイトが教えるように、抑圧された欲望は必ず症候として回帰する。

80年代の経済成長のピークを迎えた時に、日本人の「反米ナショナリズム」はまったく予想もつかない症候として回帰してきた。それはこれまで誰も思いもつかなかった病態を取った。それは「このままゆくと、もしかすると日本はアメリカより金持ちになるかもしれない」という病的な妄想だった。もしかすると、日本は世界一の金持ち国になり、国家主権をアメリカから札びらを切って買い戻せるようになるかも知れない。80年代のある時点で、日本人の脳裏にそのような奇想天外なアイディアが到来した。

「日本の地価を合計するとアメリカが二つ買える」というジョークがバブルの頃に流行った。人々はなかば本気でそれを口にしていたのだと私は思っている。ロックフェラーセンターというマンハッタンの一区画を三菱地所が買った同じ年に、ソニーはコロンビア映画を買収した。１９８９年のことである。平成という時代の始まりを私たちはベルリンの壁の崩壊と天安門事件で記憶することが多いが、それはニューヨークの摩天楼とハリウッド映画を日本企業が買った年でもあることを忘れてはならない。この時、日本人はダレスの暴言をそのまま裏返しにして、「われわれはアメリカにおいても、それに値札がついている限り、望むものを、望むだけ買うことができる」と宣言したのである。例えば、国内の米軍駐留基地の代替地をグアムやテニアンで買いつけ、そこに飛行場を建て、港湾を整備し、ついでに豪華なハウスやヨットハーバーやゴルフ場も「おまけ」に付けて、「これでお引き取りを願えませんか」というようなことをしても腹が痛まないほど80年代の日本はリッチだったのである。

日本人はこの時、政治的に反米的であることなしに、対米自立を果たす奇跡的な手立てを見出した。そのようなかつてない全能感と多幸感のうちに日本人は平成時代の開始を言祝いだのである。

だから、バブルが崩壊した後の、日本を襲った虚脱感はあれほどに底知れず深いものだったのだと私は思う。あの虚脱感はただ「金をなくした」ということの衝撃では説明がつかない。日本人はほとんど呆然自失したのである。これから先どうやって国家主権を回復する手立てを講じたらよいのかわからなくなってしまった。戦後の40年ほどは国民一体となって、右翼も左翼も、資本家も労働者も、老人も青年も、反米的であることによって日本の国運は爆発的に向上した。でも、このような階級や政治的対立を超えた連帯を実現できるような「対米自立の新しい戦略」を構想できるような想像力はバブル崩壊時点の日本人にはなかった（し、今もない）。

アメリカの等格パートナーになる構想

その時にほとんど救世主のように登場したのが小泉純一郎である。彼は後から見ると、特に国民に大きな利益を約束したわけではないし、その政策によって国益の増大に資したとも思われないが、今からは信じられないほどの国民的な人気を博した（内閣発足時の支持率は最も高い読売新聞では、87・1％という空前の数字を記録した）。

日本人が政治に熱狂するのはそれが国家主権にかかわる場合だけである。そのことを忘れない方がいい。少しでも国家主権が回復できる見通しが立つと、国際社会における地位が高まると思うと、それだけで日本人は熱狂する。どうして自分がそれほど熱狂しているのか、その理由を知らぬままに熱狂する。

小泉純一郎はバブル崩壊以後の国家主権回復の「第三段階」を代表する政治家である。小泉が提示してみせたのは「アメリカの等格のパートナーになる」というアイディアであった。「第一段階」の「ひたすら対米従属」とも、「第二段階」の「金で国家主権を買い取る」とも違う、日本がその正味の政治的実力によって、アメリカの等格のパートナーになるという構想である。

ずいぶんと大きく出たものだけれど、幸運だったのは、その時のアメリカの大統領がジョージ・W・ブッシュという例外的に無能な人物だったことである。国内では支持率が低く、国際社会からも軽視されていたこの孤立無援の大統領に小泉首相は最大限の友情を示してみせた。ファーストネームで呼び合って、キャッチボールをした。ブッシュが愚策を採り続け、国際社会から厳しい批判を浴びる中で、ひとり小泉純一郎だけが彼の全政策を支持したのである。

無能な大統領をその失政についてさえ支持したというところに小泉純一郎の政治的天才性はあったと私は思う。アメリカは、少なくともある種のアメリカ人たちは、日米同盟の重要性を改めて実感したはずである。

アメリカにとって「なくてはならぬ盟邦」となることによって、日本は属国の地位を脱し、国際社会において、アメリカの横に並ぶ五大国に準ずる政治大国となれるのではないか、日本人はそう妄想した。口に出さなかったけれど。

トモダチ作戦の起源

気分のことなので、それを証明する史料は探してもみつからない。その前の「経済大国となって国家主権を金で買い戻す」というプランだって、後から思うと「そういう気分があった（ような気がする）」というだけの話で、そのような国家戦略があったことを証明する機関決定も答申書もどこにも存在しない。私は「時代の気分」の話をしているのである。

とにかく、金で国家主権を買い戻す構想はバブル崩壊で立ち消えになったけれど、政治大国となってアメリカに依存されるという道はまだ残っていた。アメリカにとって「なくてはならぬ友邦」となって、「フレンドシップ」という貨幣で国家主権を買い戻せるかもしれない、そう思ったのである（「トモダチ」という語を日米同盟基軸論者たちが愛用するようになったのは、これ以降ではなかったか）。

その戦略の成否を問うたのが2005年の国連安保理の常任理事国立候補だった。常任理事国に選ばれ、政治大国として国際社会からの敬意と信頼を集め、その外交的実力を背景にすれば、アメリカも日本を侮ることができなくなる。

けれども、この「第三段階」の国家戦略は劇的に破綻した。日本の常任理事国入りを支持する国がほとんどなかったのである。日本、ドイツ、インド、ブラジルの常任理事国入りを求める「G4案」の共同提案国は29ヶ国あったが、アジアではアフガニスタン、ブータン、モルジブのみで、ASEAN加盟国からはゼロだった。同じ敗戦国でもドイツの場合は過去にドイツに侵略されたフランスやポーランドなど13ヶ国が共同提案に参加したのだが、日本は過去の侵略の歴史に正面から向き合おうとしないために、周辺国のうちには日本が政治大国化することを望む「トモダチ」をほとんど見出すことができなかったのである。

日本をアメリカの西太平洋戦略の「手駒」として有効利用したいと思っているアメリカは日本に過去の侵略についての反省など求めない。「宗主国」アメリカが「反省しなくてもいい」と言ってくれている以上、「属国」に反省する義務はないというシンプルなロジックで過去の侵略経験の意味を矮小化してきた「ツケ」がここで回ってきたのである。

鳩山政権の捨て身の作戦

経済大国化による主権奪還・政治大国化による主権奪還という二つのプランが破綻した後、日本にはもうアメリカに差し出す外交カードが何も残っていなかった。仕方なく、鳩山由紀夫首相は、「国土を返してください」というど真ん中の直球勝負に出た。国土と主権を買い戻す金もないし、国際社会に支持者もいないし、アメリカとタフな外交交渉ができるほどの実力もない。しかし、これ以上対米従属を続けることはもう嫌だ、と。2009年に発足した鳩山政権は戦後はじめて「ほんとうのこと」を言ったのである。

鳩山首相は選挙公約で普天間基地を「できたら国外、最低でも県外」と約束した。沖縄県民の民意に配慮したのである。けれども、それを日本政府が言ったことの意味は鳩山が予測していた以上に大きかった。というのは、政府が「出て行って欲しい」と言ったことで、米軍基地が国内に存在するのは「日本政府が駐留することを希望している」からであるという日米安保条約の虚構が暴露されてしまったからである。

これは許しがたい発言だった。アメリカにとって許せないということではなく、日米同盟基軸体制に依存して生きていた日本の「既成勢力」すべてにとって許せない発言だった。「それを言っちゃあ、おしめえよ」という一言だった。戦後60年余に及ぶ「日本は対米従属などしていない。主権国家としてひとつの合理的な外交的オプションとして、米軍の駐留を希望しているのだ」という「嘘」が白日の下にさらされたのである。その結果、外務省と防衛省とメディアはすさまじい勢いで鳩山首相に襲いかかり、総理の座から引きずり下ろすことになった。どうしてこれほどの憎しみが鳩山に向けられたのか。

日本が主権を持っていない「半国家」であるということを鳩山は公式に認めた。それを認めてしまうと、次は、「では、どうやってアメリカから国家主権を奪還し、領土を取り戻すのか?」という国民的課題にわれわれは直面しなければならなくなる。日本人はそれが嫌だったのである。「国土を回復し、国家主権を奪還する」というのはあらゆる国民国家成員の悲願であり、もちろん日本人の悲願でもある。けれども、それは言葉にしてはいけない悲願だったのだ。それを言わないことで日本はかろうじて、アメリカの属国であるという痛苦な現実から目をそらしながら、属国身分からの脱却をはかるという分裂的な国家戦略を進めて来られたのである。正気に返って、アメリカを相手にする長く苦しい戦いに取り組むか、病的妄想に耽り続けて心理的・知性的な負荷から逃れるか、この二者択一を突き付けられたときに、ほとんどの日本人はこれまでの歩き慣れた「楽な道」を選んだのである。

ある種の涅槃状態の現在

忠実なる対米従属による対米自立という「第一段階」が敗戦から沖縄返還までの27年。高度成長期・バブル期の「金で主権を買い戻す」という「第二段階」が20年。小泉純一郎の政治大国化という「第三段階」は5年。そして、民主党政権のノーガード戦法の「第四段階」に至ってはわずか10ヶ月で終わった。そして、最後に2012年に安倍政権（第2次）が登場する。

歴史的文脈に即して言えば、敗戦から数えてこれで「第五段階」となるはずだけれど、安倍政権にはもう「国家戦略」と呼べるようなものは何もなかった。金はない、国際社会からの信認もない、アメリカから依存されてもいない、「対米自立」の国民世論を喚起する手立てもない。何もない。仕方がないので（２００９年から後は「仕方がないので」が続く）、「打つ手がなくても平気」ということにした。

「もともと国家主権を持っているから、奪還する必要などない。こちらが『いてください』と依頼して米軍に沖縄に駐留してもらっているので、国土を回復する必要もない」というこれまでの「表向きの嘘」を本気で信じることにしたのである。どう手立てを尽くしても勝ち目がないと思ったので、「実はもう勝っている」という話に切り替えたのである。もう勝っているのだから、今さら「勝つための努力」などする必要がない。

救いのない自己欺瞞だけれど、バブル崩壊以後長く続く自信喪失の中で行き先を見失った日本人たちの一部はこれに飛びついた。「日本スゴイ」「クール・ジャパン」などの「自分ほめ言説」の氾濫や安倍政権の国会運営に見られる「すでに民意を得ているので、さらに民意を得るための努力は不要」といった尊大な態度は、政策的に選択されたというよりは、「日本は主権国家である」という名乗りをしてしまったせいで、すべての懸案事項についてそういう態度をとらざるを得なくなったことの論理的帰結なのである。

それは自民党改憲草案の前文に徴候的に現れている。

「我が国は、先の大戦による荒廃や幾多の大災害を乗り越えて発展し、今や国際社会において重要な地位を占めており、平和主義の下、諸外国との友好関係を増進し、世界の平和と繁栄に貢献する。」

これを日本国憲法の前文と比べると、その異様さが際立つ。

「われらは、平和を維持し、専制と隷従、圧迫と偏狭を地上から永遠に除去しようと努めている国際社会において、名誉ある地位を占めたいと思う。」

自民党改憲案は「占めており」、現行憲法は「占めたいと思う」である。自民党草案を起草した人間の脳内では、日本はすでに国際社会において重要な地位を「占め終わっている」のである。それなら、これ以上何を努力する必要があるのか。

「諸外国との友好関係を増進し、世界の平和と繁栄に貢献する」という素気ない現在形の使い方にも「増進したい」とか「貢献するつもりである」という意欲は感じられない。実現困難な理想を掲げて、それに向けて鋭意邁進するというタイプの文言はもう使わないということについてどうやら起草委員たちはひそかに合意していたようである。

日本にはもう努力目標がない。

主権の奪還は不可能なので、それについてはもう語らない。国土の回復は不可能なので、それについても、もう語らない。安保理の常任理事国入りについても、もう語らない。国権を買い戻せるほどの経済成長についても、もう語らない。とにかく、日本には「今よりよい状態」というものは存在しないという、ある種の涅槃状態に入ったのである。それが平成最後の日々のわれわれの現状である。

V字回復の夢は次世代に

平成の30年間は私の「戦後史五段階区分」説によれば、第二段階の途中から、第五段階までを含んでいる。冒頭に「平成のはじめに国運のピークを迎え、それから長期低落期にある」と書いたのは、そのような推移を指している。

今の「涅槃状態」からの覚醒がいつ、どのようなきっかけで起きるのか、私には予測が立たない。あるいはアメリカのトランプ大統領がある時点でぽろっと「日本はアメリカの属国なんだから」ということを口走るか、態度で示すようなことがあって、「それは言わない約束」を先方から一方的に破棄されて、日本人が泣く泣く現実に直面するというような展開になるかも知れない。日本人が自力で覚醒するより、その方がだいぶ蓋然性が高い。

日本はこれからどうなるのだろうか。あまり希望的なことは申し上げられない。たぶん、しばらくは「落ち目」の局面が続くだろう。喫緊の問題である急激な人口減、超高齢化、AIの導入による雇用喪失など、国難的問題のどれ一つとして日本政府は実質的な対応策を講じていない。「対応策を講じなければならない」という言葉だけは時折口にされているが、誰がその「対応策」を起案すべきかについては何も決められていない。たしかに日本には「今よりよい状態」は存在しないと信じて涅槃状態に入ってしまった人たちに難局に対する効果的な対応を期待するのは筋違いというものである。

それでも、どこかで衰運が底を打って、国運のV字回復があるかも知れない。私の年齢ではもうV字回復を見る機会はないだろうが、その予兆くらいは生きているうちに見ることができるかも知れない。それを楽しみにあと少し生きてみたいと思う。

紆余曲折の日韓平成史

平田オリザ

平田オリザ（ひらた・おりざ）
1962年、東京都生まれ。国際基督教大学在学中に劇団「青年団」結成。戯曲と演出を担当。現在、大阪大学COデザイン・センター特任教授、東京藝術大学アートイノベーションセンター特任教授。戯曲の代表作に『東京ノート』（岸田國士戯曲賞受賞）、『その河をこえて、五月』（朝日舞台芸術賞グランプリ受賞）、著書に『下り坂をそろそろと下る』『演劇入門』『わかりあえないことから——コミュニケーション能力とは何か』（以上、講談社現代新書）、『芸術立国論』（集英社新書）、『幕が上がる』（講談社文庫）など多数。

ジェットコースターのような30年

2002年（平成14年）6月25日、私は、ソウルのワールドカップ競技場でW杯準決勝韓国対ドイツの試合を観戦していた。メインスタンドの上段には、よくは見えないが金大中《キムデジュン》大統領の他、金泳三《キムヨンサム》、盧泰愚《ノテウ》らの歴代大統領が並んで座っているようだ。死刑宣告を出したり受けたりした者どうしが肩を並べている風景は感慨深いものがあった。

6月25日といえば、韓国では、1950年に北朝鮮が突如、国境を越えて侵攻してきた日としてすべての国民に記憶されている。彼の国ではいまももちろん「朝鮮戦争」とは呼ばず、「六二五《ユギオ》事変」と呼ぶ。この日に、韓国のスタジアムでサッカーの試合を観るというのも不思議な巡り合わせであった。振り返れば、ここが平成の日韓史の折り返し点だった。

平成の30年間、日韓関係はジェットコースターのような変遷を経験した。それは日本の、この30年の映し鏡のような変遷であったと私は考えている。本稿ではまず、私の私的な経験も若干交えながら、時系列で、その足跡をたどってみようと思う。

私は1984年から85年、昭和という年号で言えば59年から60年に韓国・ソウルの延世《ヨンセ》大学に留学していた。全斗煥《チョンドゥファン》政権下、厳しい言論統制があり、人々が得られる情報には限界があった。

まだまだ反日感情も強く、ポジャンマッチャと呼ばれる屋台に日本人同士で酒を飲みに行けば、韓国のおじさんたちに「お前たちが何をしたのか分かっているのか?」と説教をされるのは覚悟の上だった。

留学中、いまでもよく思い出すエピソードがある。私は、友人が部長を務める外国語サークルで日本語を教えるボランティアをしていた。そのサークルの新歓コンパの際に、酒に酔ったその友人が1年生たちに突然、「好きな国と嫌いな国を言ってみろ」と言い出した。好きな国は様々だったが、嫌いな国は、8割方が日本だった(ちなみに残りの2割はアメリカ)。日本への留学経験のある友人は新人たちに、「では日本人と話したことがある奴は?」と尋ねた。20名ほどの1年生がいたが、誰も日本に行ったことはなかったし、日本人と話したこともなかった。友人は、そのあと、以下のように話をした。

「君たちのなかにはすでに、反政府のデモに参加している人間もいると思う。少なくとも、多くの学生は現政権には反対だ。しかし、普段は反政府と言っているくせに、どうして現政権が行っている反日教育だけはそのまま受け入れるのか? いままでは受験勉強ばかりしてきたのだろうが、これからは自分の頭で考えろ」

これが昭和の末の日韓関係の実情であった。

とはいえ1965年の日韓国交正常化から19年、金大中事件から11年、軍事独裁政権下でも両国の関係には少しずつ進展があった。

私がソウルに着いたのが84年の8月末。その2週間後に、全斗煥が韓国の大統領として初めて日本を訪問した。国営放送KBSはその模様を詳しく報道し、これも戦後初めて、公式な形で「君が代」が韓国のテレビで流れた。「日韓新時代」という言葉が多く使われ、反政府勢力はそれを売国行為として強く批判した。

一方で、この時期からいわゆる「教科書問題」が始まる。この教科書問題には、史上初めての「中韓連携」という側面もあった。

87年「民主化宣言」の要因

86年のアジア大会、88年のソウルオリンピック。それに挟まれる87年6月に、盧泰愚大統領による「民主化宣言」が行われた。高まる学生デモ、民衆デモの機運の中、ソウルオリンピックの開催が危ぶまれる状況下で、長く続いた軍事独裁政権が民政移管に踏み切ったわけだ。「民主化宣言」の正式名称が「国民の大団結と偉大な国家への前進のための特別宣言」であることからも分かるように、時の韓国政府は、対外的な信用の失墜を何よりも恐れた。

勘のいい読者ならすでに理解していると思うが、朴槿恵《パククネ》政権が平昌五輪のちょうど一年前に倒れたのは偶然ではない。街頭に出た民衆の側は、87年の成功体験を強く意識していただろうし、保守政権側にもその記憶が深く染み込んでいただろうから。

もう一点、87年の民主化については、実はその前年のアジア大会の成功が大きな要因となっている。84年のロスアンゼルスオリンピックで韓国は、片肺五輪という要因はあったにせよ一挙に6個の金メダルを獲得した。それまでの金メダル獲得は、戦前のベルリンオリンピックの孫基禎《ソンギジョン》と、モントリオールオリンピックのレスリングの2つだけだったのが、突如、国別の金メダル数でベストテン入りを果たしたのだ。私の留学はその直後であったから、ロス五輪の映像が国威発揚のためのプロパガンダとして、朝から晩まで繰り返しテレビで放送されていた。

さらに86年のアジア大会では、金メダル数は日本を抜いて第2位（1位の中国とも1個差）、メダル総数では第1位となり国民を熱狂の渦に巻き込んだ。

このスポーツの躍進は、韓国国民の自尊感情を大いに高め、そして「世界の中の韓国」を意識させるきっかけとなった。日本人にとって東京オリンピックがそうであったように。また、中国がソウルに大選手団を派遣し、その実力を遺憾なく発揮したことも韓国民の意識改革を促した。反共が国是だった韓国の人々が、等身大の中国人と初めて出会うことになったのだ。

ソウルオリンピックを契機に、日本でも韓国の大衆文化についての特集番組が散発的にではあるが始まった。それまで韓国に行く旅行者は、妓生《キーセン》パーティー目当ての男性旅行者が大半であったが、この時期からほんの少しずつ「普通の」旅行者が増え始めた。いまの若い方たちには想像もつかないかもしれないが、「韓国」といえば軍事独裁政権のイメージも重なって、単純に「怖い」という印象を持つ人々も多かったのだ。こういった雰囲気も、民政移管、ソウルオリンピックを通じて徐々に薄らいでいく。

当時、日韓関係においては二つの通説があった。

一つはいまも多く言われることだが、特に軍事独裁政権下では、国内に鬱積した不満を逸らすはけ口として反日感情が利用されるという点。

もう一点は、韓国人の反日感情は、韓国社会の国際化が進むほどに薄らいでいくというものだった。

朝鮮半島はもともと、「アジアのポーランド」と呼ばれるように、大国に囲まれ、地政学上きわめて難しい場所に位置している。ただし韓国に限って言うと、戦後は中国、ソヴィエトとの交流がほぼ途切れてしまったために、日本が唯一の「隣の大国」になってしまった。GDPで比べると80年代はまだ20倍の開きがあり、輸出や観光も強く日本経済に依存しなければならなかった。しかし、これが徐々に普通の「隣国の一つ」になっていくことで、日本の相対的な地位が低下し、平行して反日感情も薄れていくというのが、当時の良心的な親韓派日本人の基本的な考え方であり、またアンビバレントな期待でもあった。

従軍慰安婦問題の顕在化

さて、ここまでが平成の日韓関係を語る上での前史である。この時点ではまだ、バブルに浮かれる日本にとって、韓国は「隣にある、小さな、よく分からない国」だった。そして韓国にとっては、日本は徐々に、「大きな隣国の一つ」になっていく。韓国は、90年に旧ソヴィエトと国交を結び、91年に国連加盟。そして92年に盧泰愚大統領が中国を訪れ国交を樹立した。

91年から、初めて本格的に顕在化した従軍慰安婦問題も、そのような日韓関係の変化の文脈の中で捉える必要がある。

70年代の日中関係がそうであったように、国交樹立直後の韓中関係も蜜月と言っていい状態だった。経済レベルでは二国間に競合するマーケットがまだ少なく、中国市場は韓国にとって無限に広がる沃野のように見えた。民間レベルでは友好親善が謳われ、日本語に代わって中国語を学ぶ学生が激増した。

92年に誕生した初の文民政権である金泳三政権は、農民や労働者を支持基盤としたが、その政策は新自由主義に近いものだった。韓国は、いわゆる「開発独裁」によって計画的・人為的に遂げられた経済成長の結果、すでに先進国への入り口に立っていた。95年には一人当たりの国民所得が1万ドルに到達し、96年にはOECDに加盟する。

しかし一方で、どの国もそうであったように韓国もまた、80年代までの労働集約型の経済成長には限界が来ていた。90年代後半、韓国の経済界は、人件費の高騰、中国、東南アジア製品の追い上げによって構造改革を余儀なくされる。しかし、植民地時代のいびつな経済構造から、その後の開発独裁へと続いた経済発展は、健全な中小企業を育てることなく、産業と金融は財閥中心の寡占状態にあった。

金泳三は、93年にはすでに「世界はまさに無限競争の時代にある」と宣言し、急速なグローバル化を図っている。２０００年代初頭の小泉構造改革における「派遣法の改正」の10年も前に、韓国では雇用主に整理解雇権を与え臨時職労働者の雇用も認める「新労働法」が制定された。また93年のウルグアイラウンド交渉妥結、95年のＷＴＯ発足に対応して農産物の大幅な自由化を受け入れ、結果として韓国の農業は壊滅的な打撃を被ることとなった。政権は、大きな支持基盤であった農民と労働者を敵に回し、大規模な反政府デモが繰り返される事態が到来した。

もちろん、いわゆる従軍慰安婦問題の発端は、それまで軍事独裁政権下で抑圧されてきた言論が自由化された点にある。90年代の初期において、この問題は主に、最左派に位置する「ハンギョレ新聞」が主導する形で浸透していった。さらに91年末から92年初頭にかけて、ヒロインが慰安婦となるテレビドラマ『黎明の瞳』が、最高視聴率58%という大ヒットとなり従軍慰安婦問題が韓国民にも広く切実な問題として知られていく。このドラマの原作小説は、過去に映画化が企画されたが、全斗煥政権下で撮影中に原作者が拘束され中止を余儀なくされたという経緯もある。まさに、言論の自由化が従軍慰安婦問題を顕在化させた一つの例証となっている。

折悪しく92年1月に渡韓した当時の宮沢喜一首相は、謝罪を繰り返すこととなった。そして93年には、この問題について「おわびと反省」を含む、いわゆる「河野談話」が発信される。

このように90年代、平成の最初の10年に従軍慰安婦問題が大きくクローズアップされたのには、複合的な背景がある。

言論の自由化。タブーからの脱却。国連への加盟など国際社会への参加、とりわけ中国との連帯など。しかし一方で、先に記したような国内の不満を対日感情へと向ける意図が、金泳三政権内にまったくなかったかと言えば、それも怪しい。日本では、保守派もリベラル派も、何か一つの理由をもって従軍慰安婦問題の顕在化の背景を語ろうとするが、そうではなく、人権の問題を最優先しつつ、外交問題としてはやはり複合的な視点でこの問題を捉える必要があるように私は思う。

W杯予選で見えた大きな変化の兆し

先に進もう。

順調に見えた金泳三政権の経済改革には大きな落とし穴があった。急速な経済拡大路線は、逆に多くの企業倒産を生み、96年にはすでに不良債権が増大していた。そこに、97年7月タイのバーツの暴落に端を発したいわゆる「アジア通貨危機」が起こり、韓国のウォンにもこれが波及して、韓国経済はあっけなく崩壊した。韓国はデフォルト寸前の状態に陥り同年12月、実質上、国際通貨基金（IMF）の管理下に置かれる。

韓国国内では経済的な損失だけではなく、国民全体の精神的な衝撃も大きかった。すでに先進国だと自負していた韓国経済が張り子の虎だったということに気がついた国民の落胆は想像以上のものであった。人々は当時、なにごとにつけ「いまはIMF時代（あるいはIMF事態）だから」となかば自虐的に呼んでいた。

97年末の大統領選挙では、3度目の出馬となった金大中が、与党候補を僅差で破った。この時点で最左翼に位置する候補者であった金大中の当選に経済界は強く失望したことだろう。しかし国民は、経済危機を招いた与党を信任せずに悲運の政治家に将来を託した。そして、この選択は意外にも成功した。

外貨準備高の不足した韓国では当時、国民に向けて協力と忍耐を呼びかける公共CMが多く流された。それらは主に、過去の貧しく苦しかった時代を思い出し、もう一度、一から国を再建しようといった呼びかけであった。実際に多くの韓国民が自宅にあった貴金属を供出しはじめる。

金大中は、圧倒的に演説のうまい政治家だった。全斗煥政権下でも、金大中の地元光州では、彼の演説がカセットテープにダビングされ1本300円ほどで公然と売られていた。この国難に、カリスマ性を持った大統領の登場は功を奏した。

98年には経済成長率はマイナス5・8%、国民一人当たりのGDPも6000ドル台まで低下。失業率は6・8%を記録したが、翌99年には成長率10%台、2000年には失業率も3・8%にまで回復した。

金大中政権は、前政権の新自由主義経済路線を、ほぼそのまま継承しつつ、「IMF時代」という国民的危機意識を追い風に、財閥の再編などを含む徹底した構造改革を断行した。

一方で、日韓関係にも大きな変化の兆しがあった。

通貨危機のまっただ中の1997年11月、サッカーワールドカップフランス大会予選、日本対韓国戦がソウルのチャムシルスタジアムで行われた。日本代表チームはここまで予想外の苦戦を続け、この時点で1勝4分け1敗、自力通過の望みはなく、この試合で負ければ予選敗退という瀬戸際に立たされていた。一方韓国はすでにグループ1位通過を決めている。

このままでは日本は、一度もW杯に出場せずに、それを開催するという屈辱を経験するかもしれなかった。

試合は、監督更迭劇から3試合目の岡田ジャパンが、これまでの低迷が嘘のような試合運びで2対0で快勝した。そして、この試合の終了後、信じられない光景が展開する。韓国のサポーターチーム「レッドデビル」が、「Let's Go To France Together!」という横断幕をスタンドに掲げ、そこから両チームのサポーターのエールの交換が始まったのだ。

これは夢のような光景だった。

サッカーの日韓戦は、様々な歴史的背景を持っている。まだ朝鮮戦争の混乱も収まっていない1954年、W杯スイス大会の予選が行われた。アジアからの参加は日韓の2ヶ国のみで、勝った方がW杯出場という、ある意味牧歌的な時代だった。この予選は本来、ホーム・アンド・アウェイ方式で行われるはずだったが、当時の李承晩《イスンマン》大統領が日本チームの入国を拒否したため2試合とも日本開催となった。李承晩は韓国チームに「負けたら玄界灘に身を投げろ」と語ったと言われる。

試合は、初戦が5対1で韓国の圧勝。2戦目は2対2の引き分けで、韓国が初のW杯出場を決める。

国交回復後、1972年からは他のスポーツに先駆けて日韓の定期戦が行われるようになったが、韓国の優位は変わらず、昭和の時代に区切って言えば戦績は、日本の7勝30敗10

引き分けであった。これが平成に入ると、7勝12敗12引き分けとなり、ここ10年では3勝3敗3引き分けと、ほぼ実力の拮抗した状態となっている。

紆余曲折ありながらの改善

交流の変化はサッカーだけではなかった。

98年10月には金大中大統領が訪日し、日韓共同宣言、いわゆる「日韓パートナーシップ宣言」が発表された。金大中は、このときの国会演説で、日本の大衆文化解禁の方針を表明する。すでに日本の書籍は多く流通していたが、この年から、韓国国内において日本の漫画の流通が自由化され、翌年から歌謡曲、映画、テレビ番組（ドラマを除く）などが次々に解禁されていく。

背景には、二つの要因があると考える。

一つは、衛星放送、インターネットの時代に情報の流通を規制するということ自体がナンセンスになりつつあったということ。

もう一点は、韓国が、現在に至るコンテンツの輸出国へ舵を切ろうとしていたこと。この点、当時すでに、この未来を予見していたとしたら、金大中という政治家はやはり時代を見る目があったと言わざるを得ない。

私自身、93年と98年の自作の韓国公演では日本語台本の検閲があった。2000年以降は、そのような事前の検閲は一切なくなり、現在では毎年、韓国内のどこかの劇場、どこかの大学で私の作品が上演されている。

20世紀末、韓国を襲った通貨危機は、思わぬ形で韓国社会のグローバル化を加速させた。そして、またこれも思わぬ恩恵として、この時期、日韓関係は紆余曲折はありながらも、W杯の日韓共催に向けて、少しずつよい方向に進んでいった。

紆余曲折と書いたのは、この間も2001年に扶桑社の『新しい歴史教科書』が検定に合格したことを巡って教科書問題が再燃するなど、すべてが順調というわけではなかったからだ。だが、過去の教科書問題の時と違い、タクシーの乗車拒否などは起こらず、韓国内の対応は至って冷静だった。

2001年1月新大久保駅で、酔った乗客がホームに転落したのを救おうとして韓国人留学生が亡くなった事件は、日韓両国民を感動させる美談として詳しく報道され、日韓関係改善の大きな一助となった。

2001年末に、今上天皇明仁が誕生日の会見において韓国との関係を質問され、「私自身としては、桓武天皇の生母が百済の武寧王の子孫であると『続日本紀』に記されていることに韓国とのゆかりを感じています」と答え、このことも韓国で大きく報道された。

さらに時間を前後して遡れば、1995年の阪神淡路大震災においては、関東大震災のような虐殺などがなかったのはもちろんのこと、朝鮮学校が避難所になるなど、在日韓国人・朝鮮人のコミュニティが復興に大きな役割を果たし、またそれが韓国内で多く報道された。韓国からは官民を通じて多くの支援も届いた。

この年の8月には、敗戦後50年（韓国にとっては解放から50年）の節目に村山談話が発表された。このような事柄も、90年代後半における日韓関係のゆるやかな改善の遠因となっていた。

そして2002年6月、日韓共催サッカーワールドカップ。これを契機に、それまで経済主導だった日韓関係において、スポーツや食も含めた文化の交流が飛躍的に増え、両国の若者たちが互いの文化に強い関心を持つようになった。

私はこの大会の理事を務め、またW杯の記念事業として、両国の国立劇場の共催で日韓合同公演『その河をこえて、五月』を制作した。本文冒頭のサッカー観戦は、その韓国公演の合間を縫ってのものだった。この作品は、初めて日韓両国で大きな演劇賞を受賞した舞台となった。

嫌韓的雰囲気の萌芽

一方で、現在の嫌韓の雰囲気に至るいくつかの出来事も続いた。以下、拙著『下り坂をそろそろと下る』（講談社現代新書）の記述をほぼ引用する形になるが、大事な部分なので詳しく記しておく。

この2002年のW杯では、韓国側に有利な審判の判定が続き、そのことをもって「韓国が審判を買収した」という噂がネット上に流れ、今も、とりたてて嫌韓の方でなくても、それを信じている日本人（特にサッカーファンの方々）が意外と多くいる。数年前、FIFA役員の過去の不正が糾弾され逮捕者まで出たが、それでも本件に関する買収の事実は確認されていない。そのような噂話を根強く流しているのは、日本と、そして韓国に負けたポルトガル、イタリア、スペインといった国々が中心になっている。

2002年6月18日、W杯ベスト16の戦い。日本はトルコ戦に敗れ、その数時間後に韓国はイタリアとの激闘を制する。まず日本の敗戦に際しての日本人の主な反応は、以下の三つに大別された。

1　「まぁ、よく頑張った」「選手はよくやった」という一般的な感想。大手マスコミなどは主にこの論調。
2　「なぜ、これまでうまくいっていたシステムを変えて、三都主（サントス）を先発で出したのだ」といったような、トルシエ監督の采配に対する批判。
3　「試合の終盤、もう少し積極的に攻めて、最後までゴールに執着して欲しかった」というサッカーファンたちの声。

そして、夜の11時近くに韓国の劇的な勝利が決定する。この時点では多くの日本人、特にサッカーファンは、悔しい思いと同時に韓国の粘り強さを賞賛する声を上げた。ネット上のごく一部に、「買収でもしているのではないか」という負け惜しみの書き込みもあったが、それはきわめて限定的なものであった。マスコミだけではなく、ネットの世界でも、この時点では、「潔く負けを認めよう。悔しいが、韓国チームの勝利への執念は大したものだった」というのが主流であった。

私は、この一日のことを『新・冒険王』という作品にするために、韓国対イタリア戦のビデオをすり切れるほどに見た。冷静に、そして克明に観ると、韓国チームの戦い方と勝利の原因が素人ながらも分かる気がする。韓国はファウルぎりぎりのラフなプレイを続け、イタリア選手たちはそれにいらつき、やがて審判の判定にも不満を持つようになる。イタリア選手たちは、韓国選手の執拗な接触と、韓国応援団の大歓声や韓国に有利と思われる判定に、試合途中から明らかに「切れた」状態となっていた。その意味で、試合後半の「誤審」と呼ばれる判定は、イタリアチームが自ら引き込んでしまったものでもあり、おそらく当時の韓国代表チームの名将ヒディンク監督にすれば、すべて計算済みの試合運びであったろう。相手に対して圧倒的に実力の差がある韓国にとって、おそらく、「粘り強く闘って相手をとにかくいらだたせる、疑心暗鬼にさせる、焦らせる」というこの方法以外にイタリアに、あるいはスペインに勝つ方法はなかっただろうから。これはジャイアントキリングのための教科書的な作戦とさえ言える。

4日後、韓国がスペイン戦にも勝利すると、ネット上での論調に変化が見え始める。「悔しい」という声が、やがて「韓国汚い」という論調へ、そして「韓国は審判を買収した」という根拠のないデマの拡散へとつながっていく。情けないと同時に、ネットでのデマ拡散の原型が見えてくる。

「冬ソナ」による空前の韓流ブーム

韓国公演の終了後、当時連載していた東京新聞のコラム欄に、私は次のような文章を書いた（一部抜粋）。

「日本に帰って意外だったのは、韓国のW杯四強進出を祝うムードの一方で、ほとんどやっかみとしか思えない発言も出てきたことだ。たしかに審判の誤審などはあったかもしれないが、それは韓国の責任ではない。

隣の家がいい車を買えば、それを羨ましがるのは一般の心情として理解できる。しかし、その上、妬んだり、ひがんだり、ましてや不正があったと陰口を言ったりすることは、

人間として恥ずかしいことだ」

この文章を書いたあと、私個人にも、劇団にも、すべて匿名で誹謗中傷のメールが数多く届いた。そんな経験は初めてだったので、背筋の寒くなる思いがした。今ならば、もっと激しく「炎上」していたことだろう。振り返れば、これは「悪い予感」の始まりだった。

この件についてはしかし、日韓関係のただ中に30年間身を置いてきた私にとっては、ある種「よくあること」といった感覚もある。要するに一部の日本人は、韓国が自分たちより下に位置するときには応援をするが、自分たちより地位が少しでも上になると、そのことを受け入れられずに誹謗中傷を始める。

念のため書いておくが、このW杯での出来事は現在の嫌韓ムードの一つの起点とされるが、厳密にはこれも事実に反する。日韓関係はこのあと、日本における空前の韓流ブーム、韓国における日本大衆文化の完全解放によって、「直近150年で最もいい状態」とまで言われた蜜月時代を迎える。

そして2003年（平成15年）、時間軸で言えばまさに平成の折り返しの年に、日韓両国の文化関係者もまったく想像もしていなかったような事態が起こる。この年の4月にNHK・BSで放送された『冬のソナタ』が評判を呼び12月から再放送、さらに翌年4月からは地上波での再々放送という異例の展開となった。

ここから韓流ブームが巻き起こり、さらに韓国人歌手がヒットを飛ばして年末の紅白歌合戦の常連となっていく。「冬ソナ」のロケ地を巡るツアーなどが企画され、韓国に向かう日本人旅行者の男女比は完全に逆転した。

一方、韓国でも空前のウォン高を背景に海外旅行がブームとなり、日本への渡航者が急増する。

こうして、日韓交流は、量・質ともに、それまでとはまったく違う展開を見せることになった。

だがたしかにここでも、韓流ブームの渦中に現在の嫌韓の萌芽が見られた。私は2004年あたり、すでにNHKのディレクターから「韓流ブームの反動が怖い」という話を聞かされていた。日本の女性たちが韓流スターに熱を上げすぎていて、これはやがて日本人男性の嫉妬を呼ぶのではないかと言うのだ。「だって『冬のソナタ』を正座して観ている人とかいるんですよ」と、そのディレクターは笑いながら語っていた。

靖国参拝問題と「竹島の日」で暗転

2005年は、国交回復から40年を記念して「日韓友情年」と位置づけられ、私も、その実行委員会のメンバーに加わっていた。先にも記したように日韓関係は過去150年でもっとも良好と評され、多くの人が、このまま両国は友好親善の道を歩むものと信じていた。しかし、好事魔多し。事態は急転する。

「日韓友情年」は2003年の盧武鉉《ノムヒョン》大統領の訪日の際に、小泉首相との共同宣言の中に盛り込まれたものであった。そして、この急転のきっかけを作ったのも、やはり、この二人だった。

直接の引き金は、当時の小泉総理の繰り返し続く靖国参拝問題と、島根県が「竹島の日」を制定したことにあった。特に後者は、韓国世論の強い反発を受け、予定されていた多くの民間交流行事が中止された。日韓関係者は、「なぜこのタイミングで?」と落胆した。国交回復40周年の2005年は、日本が韓国を実質的に保護国化してから100年の節目の年でもあり、やがて韓国ではこちらの記憶の方が強調されることになる。

盧武鉉政権は、韓国の歴代大統領同様、当初は「未来志向」をうたい比較的穏健な対日政策を進めた。しかし、初の本格的な左派政権であるこの政府は、常に少数与党の座を強いられる。政策は混迷し、2004年3月には国会で弾劾訴追決議が圧倒的多数によってなされ、一時的に大統領の職務を停止させられるという異例の事態となった。ただこの弾劾決議は、逆に国民の強い反発を受け、5月に憲法裁判所が弾劾決議を棄却し、かえって政権基盤を強くする結果となる。これ以降、盧武鉉は国会との対立を、ネットも含めた国民との直接対話で乗り切ろうとし、悪く言えばポピュリズム政策へと向かっていく。

また、盧武鉉政権はその性格上、これまで歴代大統領が棚上げしてきた戦前の韓国人自身の植民地支配への関与、いわゆる「親日派」についても厳しく追及する態度をとった。「真実・和解のための過去史整理基本法」を成立させ、時効を認めない追及がはじまった。自国民の過去に対して厳しく接する以上、その首謀者である日本に対しても、当然、強い態度をとらざるを得ない。

日韓関係を世代論だけで切るのは安易に過ぎるが、試みにそれを進めてみるなら、この時期について以下のようなことは言えるかもしれない。盧武鉉は初の戦後生まれの大統領だった。ということは日本の植民地支配を経験していない初めての国家元首ということになる。朴正煕から金大中までの歴代大統領は、ある程度日本語を解し、日本に対しては多面的な感情を有していた。しかし盧武鉉にはそのようなノスタルジーはなかった。また政権の支持基盤は盧武鉉と同世代、李承晩政権下でもっとも厳しい反日教育を受けてきた世代だと言われている。一方で、さらにその下の世代は、日本に対するアレルギーが比較的少なく、日本の漫画やアニメに熱狂する若者たちも登場してきた。この新しい世代の存在が、上の世代をいらつかせた側面もあるだろう。

小泉首相の靖国参拝は、就任以来続いており、中国との関係は悪化の一途をたどっていた。しかし不思議なことに韓国では、以前ほどには大きな問題とならず、それよりも先に記したような友好促進のムードの方が上回っていた。振り返れば、このようなことすべてが日韓関係暗転の背景となっていたのだとも思う。乾燥した薪が知らず知らずに積み上げられ、周囲にガソリンまでまかれていた。発火点は、前述したとおり島根県による「竹島の日」の制定だった。

友好ムードが急激に冷え込んでも

一地方自治体の県議会が行った決議が、日韓両国の関係に大きな亀裂をもたらした。日本側が、これをそれほどの大事と捉えていなかったことは、当初、国内では、日韓友情年の行事が予定通り進行していったことからもあきらかだ。しかし韓国の反応は早く、日韓の友好ムードに疑問を持っていた潜在的反日層が猛反発を起こした。島根県議会での決議は3月だったが、「竹島の日」とされる2月22日以降、韓国では反対運動が巻き起こった。レームダック化しつつあった盧武鉉は、当然、この流れを支持して、3月1日の「三・一節」では日本政府を強く非難する。予定されていた首脳会談は中止となり、多くの行事も取りやめ延期となった。

韓国での反日運動は中国にも飛び火して、より一層過激なものとなる。韓国と中国が、本格的に連携して日本の過去への清算を迫る初めての事態となった。一方日本でも、今につながる「嫌韓・嫌中」を一つのものとして扱うムードが醸成されてしまった。

『嫌韓流』の発刊がこの2005年。さらに2007年以降へイトスピーチが増加していく。

このように2005年以降、日韓の友好ムードは急速に冷え込んだが、それでも過去に戻ることはなかった。スポーツや食も含めた文化交流が、それまでとは比べものにならない量と質で相互に行われるようになっていたからだ。2000年代を通じて、日本には多くの韓国人留学生がやってきた。韓流ドラマを原語で理解しようと、韓国語を学ぶ日本人も飛躍的に増えた。

2000年代の後半、平成で言えば17年以降あたりは日韓関係の停滞期であったが、一瞬だけ光明が差したことがある。鳩山政権の誕生である。

鳩山氏は、夫人が大の韓流ファンということもあり、それが韓国側にも伝わっていたために、就任直後の10月の訪韓はある種の熱狂を持って迎えられた。

一方、前年に就任した李明博《イミョンバク》大統領に対する国民の期待は経済政策一本であり、大統領自身もそれに応える形の政策を打ち出そうとしていた。しかし折悪しくリーマンショックが到来し、韓国は再び通貨危機の懸念に直面した。韓国政府は市場を安心させる必要性から、日本との通貨交換協定の締結を強く望んでおり、日韓関係を良好に維持する必要があった。

民主党政権自身が「東アジア共同体」構想を打ち出し、アメリカ追従一辺倒の外交を転換しようとしていた時期でもあったから、日韓は珍しく政治主導で関係改善が図られることとなった。在日外国人参政権の問題が政治課題として取り上げられ、前年の李明博大統領からの招請を受け、天皇訪韓が議論されるまでになっていた。

２０１０年は、いわゆる「日韓併合」から１００年の節目の年にあたる。明仁天皇の存在は、先の皇祖についての発言などから韓国では比較的、好意的に受け入れられていた。どちらかと言えば障壁は日本国内にあっただろう。２０１０年には、まだエリザベス女王はアイルランドを訪れていなかった（２０１１年に実現）。この時点で天皇訪韓が実現していれば、それは大きな歴史的和解の道しるべとなり、国際社会へのアピールともなったことだろう。次の天皇には、いつの日か韓国の地を踏んでもらいたいと願う。

Ｋ‐ＰＯＰが世界を席巻する中で

この時期、文化交流面でも薄日が差した。

李明博政権は、いわゆるコンテンツ産業の発展を経済の重要項目の一つとして推進しており、それを背景にＫ‐ＰＯＰが世界を席巻することとなった。２００９年から11年までを第2次韓流ブームと呼び、２０１１年末の紅白歌合戦には、少女時代、東方神起、ＫＡＲＡが出演した。

２００９年、内閣府の調査では、「韓国に親しみを感じる・どちらかというと感じる」という意見が過去最高の63・１％を記録する。

しかし、この蜜月もやはり長くは続かなかった（この文中、何度、こういった表現を使ったことか！）。日本では民主党政権が失速し、李明博氏も歴代大統領と同様に政権末期になると反日に転ずるという傾向を踏襲した。

任期末の2012年8月には、韓国大統領として初めて竹島に上陸。つづいて天皇に対する謝罪要求を行い、日韓関係は急速に冷え込んでしまった。

この年の大統領選挙で朴槿恵政権の誕生が決定する。これまでの歴代大統領は就任当初、外交については穏健路線をとってきた。しかし、日本との国交回復、そこから得た経済支援をてこに高度経済成長の基盤を築いた故朴正熙《パクチョンヒ》大統領の娘である朴槿恵氏は、自国民から親日的と見られることを極端に嫌い、当初より日本政府とは距離を置く政策を打ち出した。

一方、大学でも中国語を副専攻とした彼女は、思い切った中国寄りの政策をとる。中国語を自在に操る朴槿恵大統領は、就任直後の2013年6月の訪中でも大歓迎を受け、中韓関係は国交回復期以上の親密なものとなった。

この時期、ソウルの中心街明洞では、日本語の看板と中国語の看板の量が完全に逆転した。すでに中国は韓国にとって最大の輸出先となっており、相互の留学生も激増した。

当然、中韓両国にとって日本は共通の敵として捉えられた。2015年、中国で開かれた「中国人民抗日戦争・世界反ファシズム戦争勝利70周年記念式典」に朴槿恵大統領は主賓待遇で招かれ、その後、上海の大韓民国臨時政府庁舎の再開館式にも出席する。日本は孤立し、ネトウヨたちは「嫌韓・嫌中」をさらに声高に叫ぶようになった。

日韓首脳会談は12年5月から14年3月まで2年近くにわたって行われなかった。あまりの関係悪化に業を煮やしたオバマ大統領の仲介でやっと実現した首脳会談も、朴槿恵氏は握手に応じることすらなく、和解とはほど遠い内容となった。

これも『下り坂をそろそろと下る』に書いた内容だが、私はこの時期、ソウル市内でタクシーに乗った際に、以下のような会話を経験した。私が日本人であり、韓国語を多少解すると分かった途端、運転手さんが釜山なまりの韓国語で切れ目なくしゃべり出した。

「私は日本の歌が大好きです。お客さんが『昴』を歌ってくれたら、タクシー代を1割まけますよ」

「いや、無理です」

「それは残念。ところで先生は安倍首相が好きですか?」

「まぁ、さほど好きではないですね」

「そうですか。安倍さんは、奥さんがいますね?」

「はい、います」

「残念です。離婚する予定はありませんか?」

「たぶん、ないと思います」

「離婚することになったら、教えてください」

「どうしてですか？」

「朴槿恵さんと結婚するといいと思います。朴槿恵さんは独身ですからね」

「なるほど。でも、どうして結婚した方がいいの？」

「二人とも似てるからです」

「そうですか？」

「はい、子どももみたいで似てますから喧嘩します。だから結婚すれば、大丈夫」

「大丈夫かな？」

「はい、大丈夫です」

文化の交流は成熟期に

２０１４年４月に起きたセウォル号沈没事件に対する対応。同年12月に起きた大韓航空のナッツリターン事件に端を発する財閥批判などが遠因となり、朴政権の支持率はゆっくりと下降線をたどった。

盤石と思われた中韓関係も、２０１６年７月、韓国国防省と在韓米軍がＴＨＡＡＤミサイルを配備することを決定すると急速に冷え込んでしまった。

中国国内では「限韓令」と呼ばれる有形無形の措置が執られ、韓国文化の流入が強く制限されるようになった。また、中国から韓国への観光客も激減し、明洞は文字通り閑古鳥が鳴く状態となった。

そして、2016年10月、朴大統領の友人とされる崔順実《チェスンシル》氏の国政介入問題、いわゆる「崔順実ゲート事件」が起こり、朴槿恵政権は急坂を転がり落ちるように崩壊していく。私はこの時期、自作『ソウル市民』の上演のためにソウルに滞在していた。そして実際に、久しぶりに100万人規模のデモを目撃する。国民の不満は沸騰状態にあった。

12月、国会で弾劾訴追が可決され、翌年3月には、盧武鉉の時と異なり憲法裁判所もこれを認めて、朴槿恵大統領は憲政史上初めての「罷免」という結末を迎えた。

あとを襲った文在寅《ムンジェイン》大統領は故盧武鉉大統領の盟友であり側近でもあった。当然、政権の性格は盧武鉉時代の理想を受け継ぐ形となる。しかも国民の熱狂的な支持を基盤として、盧武鉉の志を継ぐような政策を矢継ぎ早に打ち出すことになった。

もう一点、文在寅政権は出自からいって、朴槿恵時代の政策を覆すことを旨としている。慰安婦問題日韓合意の実質的な破棄は、この文脈で起こった。また徴用工問題には、朴槿恵の父、朴正煕政権が行った日韓国交回復、日韓基本条約の締結自体を、軍事独裁政権下に行われたものとしてその正統性を疑う心情的な背景がある。

さらに2018年末、韓国海軍による、いわゆる「レーダー照射事件」が起き、日韓の関係は再び、三度、冷え切ったものとなった。

しかし一方で、文化の側面を見れば、その交流は成熟の度合いを増している。「新・韓流」あるいは「第3次韓流ブーム」と言われる現在の状況は、高校生などを中心とした低年齢層に支えられている。実際、日本国内で高校生対象の演劇ワークショップに行くと、「韓国のすべてが好き」「韓国人になりたい」といった女子高生に出会うことは稀ではない。「チーズタッカルビ」といった、私も知らない韓国料理のメニューが次々と現れては人気になっていく。スイーツを食べに行くためだけに韓国を旅行してきたという話もよく聞くようになった。

日本の歌謡界が、日本男子の自信喪失の裏返しとして「手の届くアイドル」を量産しガラパゴス化していったのに対して、自国のマーケットの限界から海外進出を前提としなければならなかった韓国のアイドルは、歌、ダンスともに圧倒的な実力を持ち、現在、国際的な地位を確立しつつある。当然、日本国内にも韓国のアイドル、Ｋ-ＰＯＰのスターたちに憧れる若者たちが多く存在するようになった。

禍福はあざなえる縄のごとし

さてここまで、平成の30年間の日韓関係の変遷をいささか駆け足で辿ってきた。私は歴史の専門家ではないので重大な見落としがあるかもしれないし、取り上げた事象には偏りのあることもご容赦いただきたい。

とりあえず、少し長めの結論を二つ書いておく。

幾度か韓流ブームが起こるたびごとに、私は多くのインタビューを受けてきた。そして日韓双方のメディアに対して、いつも、私は以下のように答えてきた。

「日韓関係が、いまのように良好な状態になることは、とにかく望ましいことだし、反日感情の強いころのソウルでの生活を経験している者にとっては夢のようでさえある。

ただ今後は、日韓の歴史認識の差異が、これまでとは違った形で表面化してくるのではないだろうか。

かつて、韓国に関心を持つということは、韓国の全体について、歴史も風俗も人物もすべて含めて受け入れるということだった。しかし今は、サッカーが好き、ドラマやアイドルが好き、韓国料理が好きといったように、韓国文化へのアクセスの仕方が様々になっている。私はこのことも、総じていいことだとは思う。しかし注意しなければならないのは、たとえば次のようなケースだ。

サッカーの応援を通じて友情関係を結んだ日韓の若者がいるとする。お互いに2年、3年と行き来をして、信頼関係も深まってくる。たまたま日本人側が3月1日に渡韓して、『え、今日は何の祝日?』と聞いたとしよう。『え、三・一独立運動も知らないの?』となったときの韓国の若者の落胆は、これまであったような日本人全体の無知に対する怒りや、歴史認識のずれに対する苛立ちとは、また少し違ったものになるのではないか。それは、たとえば、

『裏切られた』といった感情になるかもしれない。

経済的に見ても、政治や文化のレベルで見ても、日韓関係は完全に対等のものになりつつある。しかし、対等な隣人関係には、相手に対するそれなりの知識と理解が必要だ。それなしに（これは日本側の歴史に対する無知・無関心だけではなく、韓国側の知識の偏りも含めて）、対等な隣人関係を築こうとすることには危うい部分がある。歴史認識自体は、ずれたままでもかまわないから、双方の知識の偏りという点を早急に改善しなくてはならない」

実際、「三・一独立運動について知っている日本の大学生は1％にも満たないだろう」という話をすると、韓国の記者たちは驚きを隠さない。分かってはいたが、それほどまでに意識の差があるのかと思うようだ。

一方で、いまのように日韓関係が冷え込んだ時期には、自分の大学の学生たちには、私は以下のように話している。

「君たちは、自身が社会に関心を持ち始めた時期には、すでに日韓・日中の関係が冷え込んでいたので、昔から未来永劫、この二国間は仲が悪いものだと思っているかもしれない。しかし二国間の関係は、ほんの些細なことで良好になったり、あるいはまた冷え込んだりの繰り返しだ。希望を捨ててはいけない。楽観視しすぎてもいけない。ただ、現状だけが現実ではないという認識は必要だ」

こうして平成の日韓関係をあらためてまとめてみると、まさに「禍福はあざなえる縄のごとし」という言葉しか思い浮かばない。私たちは幼子のように些細なことで喧嘩をし、また簡単に仲直りもする。

これも繰り返し、いろいろなところに書いてきたことだが、平成という時代に限ってみれば、日韓関係の変化の本質は、以下のような問題に帰着すると思う。

・日本は、アジアで唯一の先進国の座から滑り落ちたことを、まだ受け入れられない。
・韓国は、先進国の仲間入りをしたことに、まだ慣れていない。

さらに、この30年間で、中国という新しいプレイヤーがここに加わって、事態をより複雑にした。おそらく次の時代には、北朝鮮という、より複雑なプレイヤーが参加してくることが十分に予想される。これも紆余曲折はあるだろうが、現状のように、朝鮮半島における蜜月関係が続けば、当然、韓国と北朝鮮は日本を共通の敵としてとらえることで、その関係を強化するだろう。中韓関係がそうであったように。

日本政府と日本社会は、そのとき、どこまで冷静に、そして謙虚に振る舞えるだろうか。日韓関係は、日本がアジアの一国として生き延びていけるかどうかを測る試金石ともなる。私たち日本人の成熟も、またさらに問われる時代となるだろう。

シスターフッドと
原初の怒り

ブレイディみかこ

ブレイディみかこ（ぶれいでぃ・みかこ）
1965年、福岡県福岡市生まれ。1996年から英国ブライトン在住。保育士、ライター。著書に『労働者階級の反乱——地べたから見た英国EU離脱』（光文社新書）、『花の命はノー・フューチャー』（ちくま文庫）、『いまモリッシーを聴くということ』（Pヴァイン）、『子どもたちの階級闘争——ブロークン・ブリテンの無料託児所から』（みすず書房）、『THIS IS JAPAN——英国保育士が見た日本』（太田出版）、『ヨーロッパ・コーリング——地べたからのポリティカル・レポート』（岩波書店）など。『子どもたちの階級闘争』で第16回 新潮ドキュメント賞受賞。

序

平成という時代が終わる。と言っても、過去23年間を英国で暮らしてきたわたしにとり、2019年は2019年でしかない。正直、とくに感慨もない。なのにこのアンソロジーに参加する心持になってしまったのは、何か自分のなかにふつふつしているものがあったからだろう。

この「ふつふつ」とは、擬態語である。何であるのか理論立てて表現できていない。信頼できる文献から引用したジャーゴンでもなければ、日本人の何パーセントが使っているので信頼するに足りるだろうというデータに基づいた言葉でもない。

つまり、いい加減にしてノー・エビデンスの言葉だが、ふつふつするものはふつふつするのだからしかたがない。で、実はそれはわたしが女性であることと関係している。でもわたしは直接的にこのテーマで何かを書いたことがない。

それには、はっきりとした理由がある。

叱られそうで怖いからだ。

それは正しいフェミニズムではない、あなたはフェミニストではない、知識がない、何もわかってない、かえって迷惑だ、あの女を黙らせろと、どやされそうで手が出せない。少なくとも、わたしはフェミニズムにそういうイメージを持ってきた。おっかなかった。

でも、そういうイメージを持っている人間がいるということは、フェミニズムにとってどうかはさておき、シスターフッドにとってはマイナスだろう。そう思うに至り、恐る恐る書いてみることにした。

そんなわけなので、前もって断っておくが、これはフェミニズムについて書いたものではないのかもしれないし、ついでにもっと致命的なことを言えばぜんぜん平成論じゃないし、ほとんど日本のことですらない。

しかし、いま書いておかないといけないような気がするのでいま書いておく。

これはわたしが女性として振り返る過去30年と、現在、これからの我々について考察したものである。

セクハラに始まり、セクハラに終わる

1989年（平成元年）の日本の流行語大賞金賞と新語大賞金賞は、それぞれ「オバタリアン」と「セクシャル・ハラスメント」だったらしい。そして2018年の新語・流行語トップテンには「#MeToo」がランクインしていた。ぐるっと回ってもとに戻っているような印象だ。「オバタリアン」という言葉もまたある種のハラスメントであるとすれば、平成はセクハラに始まってセクハラに終わる。きっちり円を描いた30年と言えばおさまりはいいが。

個人的には、１９８９年は英国とアイルランドにいた。この頃から、カネを貯めては英国に行き（アイルランドは男を追いかけて行ったからだが）、カネがなくてビザ延長できなくなったら日本に帰り、また働いてカネを貯めて英国へ、みたいなフーテン暮らしをしていたので、わたしにとって１９８９年は、元号が変わった年ではなく、ストーン・ローゼズと「アシーーーーッド」の年だった。

マンチェスター・メトロポリタン大学の「The Women's Timeline」によれば、１９８９年の英国にはジェンダー平等に関する大きな出来事はなかったらしい。が、その前年の１９８８年は、サッチャー政権が、同性愛をプロモートする行為を地方自治体や政府関連機関に禁ずる法、セクション28を定めたため抗議運動が巻き起こり、レズビアンが英国貴族院に侵入したりして話題になった年だ。さらに、翌年の１９９０年には、税制上、既婚女性が初めて配偶者から分離された独立した税務者と見なされるようになった。１９９１年には、フェミニズムの金字塔的作品となったスーザン・ファルーディの『バックラッシュ――逆襲される女たち』が米国で出版されている（邦訳は１９９４年出版）。

わたしはこの頃、こう言っては何だが、マジで遊んでいた。若い娘が全力で遊んでいればもちろん危険なこともある。が、８時間ぐらいぶっ通しで飲んで踊っても友人の一人ぐらい背中にかついで走れる屈強な女だったので、決定的な悲劇は避けることができた。でもみんながそんなに幸運だったわけではない。所謂セカンド・サマー・オブ・ラヴという、クールでピースフルなものとして伝えられていた（いまもそう回顧されている）英国の若者たちのシーンには、レイプ文化が確かに混入していた。が、当時は、酔って動けなくなる女の子や、ドラッグで朦朧とする女の子のほうに落ち度があり、それを利用して性欲を満たす方はそんなに悪いと見なされなかった。ラヴ&ピースで済まされていた。そういう時代だったのである。

80年代のスキンヘッドカルチャーには本物の極右の垢もついていたことを映画『This Is England』で描いて見せたシェーン・メドウズ監督が、その続編にあたるドラマ「This Is England 90」ではパーティーでのレイプをプロットの中心に据えたのも、「いま考えれば……」という視点から女性側の経験を描いたセカンド・サマー・オブ・ラヴの再検証だったのかもしれない。一歩も二歩も進んでいるつもりのミュージック界だって、歌姫や女の子バンドやダンシング・クイーンを除けば、作り手や送り手は男性ばかりだった。そのホモ・ソーシャルな空間で起きていたことは、女性にとって必ずしも快いことばかりではない。

ガール・パワーに熱狂する少女たち

そんなこんなでフーテン暮らしに疲れ、しばらく故郷の福岡に落ち着いたわたしだったが、やはり日本を離脱して１９９６年に渡英したとき、「あれ、いまさらこれなの?」と驚かされたのがスパイス・ガールズの登場だった。

トニー・ブレア元首相の登場と時をほぼ同じくして国民的スターになった5人組のスローガンは、「ガール・パワー」だった。個人的には「何をいまさら」と思わずにいられなかった。サッチャー元首相からエリザベス女王まで、強力な女がトップに君臨することに慣れている国だと思っていたからだ。それなのに、なぜ女性のパワーなどという言葉がまるで真新しいもののように少女たちを熱狂させるのか、わたしには最初まったくわからなかった。

実際、英紙ガーディアンで活躍中のリアナン・ルーシー・コスレットをはじめ、いま20代後半から30歳ぐらいまでの英国の多くの若手女性ライターたちが、自分がフェミニズムに目覚めた原点は子どもの頃にスパイス・ガールズに出会ったことだったと言っている。

スパイス・ガールズは大人に製造されたアイドルに過ぎず（もちろん清楚なイメージの日本のアイドルと比べるとずいぶん怖かったが。特にオラオラ系のスケアリー・スパイスとスポーティ・スパイス）、あんなものはフェミニズムとは何の関係もない、バカすぎる、ともっと上の世代の女性識者たちは言う（これはその後、ベッカムと結婚したポッシュ・スパイスのイメージによるものも大きい）。

が、当時の小学生の女子たちにガール・パワー旋風がもたらした影響は侮れない。あの頃、スパイス・ガールズの人形を手にし、スパイス・ガールズの写真がついたリュックをからってストリートを行き来する子どもたちを観察していて気づいたのは、この子たちは、それぞれのお気に入りのスパイスだけでなく、5人のスパイスたちの友情を崇拝しているということだった。ファンキー・ヤンキー系もいれば、ダサピンクのひらひらした服のブロンド女子もいるし、そんなのてんでバカにしてそうな上から目線のモード系や、体育会系女子もいる。こんな外見もキャラも違う女の子たちは、ふつうフレンドシップは築かない。それがなぜか築けているという、そのシスターフッドが彼女たちにとってのヒーローだったのだ。

だが、5人の中で一番商才に長け、人気があったジンジャー・スパイスがソロ転向を画策して電撃脱退するとスパイス・ガールズは空中分解した。少女たちはあのとき、泣き叫んで彼女たちの解散を悲しんだ。ソロになったスパイスたちなんてどうでもよかった。少女たちは5人が一緒にいる姿を見たかったのである。女の連帯が壊れたらガール・パワーのマジックは消滅するということを英国の女児たちはあのとき身をもって学んだのだ。

ところで、この「ガール・パワー」に対し、「女子力」という言葉が祖国にもあるようだ。2009年の流行語大賞にもノミネートされた「女子力」は、しかし「ガール・パワー」とはまったく違う意味になるらしい。てっきり直訳で日本に輸入されたのかと思って原稿で使ったら、「文意がまったく通じません」と編集者に赤字を入れられたことがある。

「ガール・パワー」は、女が、女たちの支持を得て(たとえ小学生でも)、女たちをインスパイアして旋風を巻き起こすことだったが、「女子力」は、女が、男たちの支持を得て、男たちに愛されて、ほかの女たちより上に立つことのようだ。

これを英国と日本の違いと片付けることは簡単だが、わたしはそうはしたくない。別の観点から見れば、前者は「ソーシャルな力」、後者は「個人的な力」ということになり、この差異は近年の女性たちの運動を語るうえで重要なポイントになっているらしいからだ。

個人的なものとソーシャルなもの

日本は30年かけてセクハラからセクハラに戻ってきたのではないかと書いたが、実は、欧州や米国でも、ファルーディが『バックラッシュ』を出版した時代に回帰したようだと言われている。こちらも言わずもがな、Me Too運動への反動が噴出したからだ。

この世界規模で広がった運動へのバックラッシュが明らかにしたのは、フェミニスト陣営の内部にも明確な分断が存在するということだった。

米国の作家ダフニー・マーキンや話題になったフランスの女性100人の声明（女優ブリジット・バルドーらを含む）のように、Me Too運動は行き過ぎであると激しく批判する女性たちが現れたのだ。彼女たちは、続々と糾弾されているハラスメントの多くは、男性たちを再起不能なまでの恥辱に貶めるほどの行為ではないと主張し、様々なレイヤーのある性的ハラスメントを一まとめにしてしまうことで、Me Too運動は子どもっぽい運動に見えてしまっていると憂えた。彼女たちは、女性たちに「タフになれ」と呼びかけたのだ。「ヴィクトリア朝時代のハウスワイフたちみたいにか弱い存在だと自分たちを見なす」（By ダフニー・マーキン）のはやめ、毅然とした態度で「個人として」セクハラに対応せよ。そんなナンセンスは許さないと断固として誘いを断る強さを持ち、危い状況を乗り切る知恵とユーモアを身につけなさい、というのが彼女たちの主張だった。

このテの批判が出て来たとき、メディアはこれをフェミニズム内部の世代間分裂として片付けようとした。マーキンにしろバルドーにしろ海千山千超えてきた「大人の女」ではあるが、同時に古臭い感じもする。他方、闘争的で正義感に燃え、ときに感情的に「女性の連帯」を訴えるMe Too運動は、理想主義的で青臭いもののようにも見えた。ゆえに新旧フェミニズムの世代間闘争と捉えられることになったのだ。この論調が出て来た背景には、ブレグジットやトランプ現象における世代間の分断をフェミニズムにスライドさせた側面もあるだろう。

しかし、これは必ずしも世代的なものではなく、何十年も前からフェミニズム内部にある「個人主義」陣営と「ソーシャル」陣営の対立なのだと英紙ガーディアンに書いたのが、ニューヨークのライター、モイラ・ドネガン（物議をかもした性的告発リスト「クソのようなメディアの男たち」の作成者）だ。

ドネガンによれば、アンチMe Too派のフェミニストたちは、女性は弱者ではなく自由意志を持つ個人として扱われ、自分で経験を選ぶ自由とそれに付随する責任を与えられるべきだと主張する。これは（資本主義と親和性の高い）自己責任や自立、困難に打ち勝つ意志を重んずる価値観に基づいており、「貧困を乗り越え成功する」にも似た、「女であることを乗り越え男と同じ位置を獲得する」志向性を持つ。彼女たちは、セクハラへの最良の対応策は、怒ることではなく、解決することだと信じる。この陣営は20世紀の半ばから綿々と続いている「個人主義」フェミニストたちの流れを汲み、『女らしさの神話』のベティ・フリーダン、最近では『LEAN IN（リーン・イン）――女性、仕事、リーダーへの意欲』のシェリル・サンドバーグが典型的な論者として挙げられている。

他方、Me Too派は、自分たちの運動は社会的なムーヴメントだと考えている。これほど多くの業界でセクハラが行われている以上、それは個人的な問題ではなく、社会変革のアジェンダの一つだと信じているのだ。こちらは「ソーシャル」なフェミニズムの流れを汲んでおり、その走りは1972年にイタリアでシルヴィア・フェデリッチが立ち上げた「家事労働に賃金を」運動だという。この運動はイタリアで、そして彼女がニューヨークに移住してからは米国で、激しい反発と論争を巻き起こした。マルクス主義の影響を受けたこの運動は、女性を一つの階級と見なし、男性階級と女性階級の関係性として女性の問題を捉えなおした。そして、一般に「女の仕事」と言われている家事は女性階級の労働形態であるから、「仕事」と言われている以上は賃金が生じるのが当然で、家庭で家事をしている女性も「労働者の尊厳と保護」に値する存在だと認められるべきと主張した。

「家事労働に賃金を」運動はじきに廃れてしまったが、人種差別反対運動、同性愛者権利運動、セックスワーカー権利運動などに影響を与えた。「家事労働に賃金を」運動は、女性の抑圧はユニヴァーサルな経験であり、その一つ一つの形は違っていても、個人的な問題ではなくポリティカル・イシューであると見なしたからだ。であれば、この大きな問題と闘うために必要なのは、個人レベルでの鍛錬や強さではなく、抑圧を感じている者たちの連帯になる。

「私も」「私も」と声を上げることから始まったMe Too運動は、その名前からして、まさに連帯型の「ソーシャル」なフェミニズム運動だ。「ソーシャル」なフェミニズムは、一部の能力ある女性たちが社会的に高い地位を獲得すれば女性の問題が改善されるとは考えない。モイラ・ドネガンの言葉を借りればこうである。

「それは女性たちに『テーブルに着く席を与える』ことではない。そのテーブルを取り壊すことであり、新しいテーブルを共に築くことだ」

個人のやる気だけではもう報われない

「ミー・トゥー」「ミー・トゥー」という連帯の表明は、セクハラ被害者たちの告発から始まったので、どうしても「私もやられた」の文脈になってしまい、「ぴーぴー泣くな。惨めったらしい」と個人主義フェミニストたちの気分を害したのはなんとなく理解できる。これがもし「私もやってやる」の強気のナラティヴで始まったMe Tooだったら、個人主義陣営も案外のってきたのではないだろうか。

「家事労働に賃金を」運動が無給で何の価値も尊厳も与えられていなかった家事労働をユニヴァーサルな女性の体験と設定したように、Me Too運動はセクハラを人種、階級、業界を越えた体験と設定した。「マンスプレイニング」という世界的流行語を生んだ『説教したがる男たち』のレベッカ・ソルニットも、女性と見ると物事を知らないと決め付け解説・説教をしたがる男たちが多いというユニヴァーサルな現象は、男性の暴力性の「些細な現れ」であり、それはセクハラやレイプ文化、DV殺人などとリンクしているのだと書いた。まさにMe Too時代を象徴するフェミニズムの書だ。

考えてみれば、「やってやる」よりも「やられた」のほうが連帯を築くには効果的だ。虐げられている者たちが集団となって虐げている者たちを糾弾するというのは、ソリダリティーの構図として伝統的である。対照的に、「やってやる」は、やっぱり個人の強さとやる気の問題に還元しそうであり、やる気になれない人々を現在の抑圧された場所に取り残すことにも繫がる。

こうしたソリダリティーと個人のやる気、つまり「ソーシャル」と「個人主義」の問題の前景化は、何もフェミニズムに限ったことではない。「ソーシャル」が社会主義、「個人主義」が資本主義、ことに新自由主義と親和性が高いことを思えば、バーニー・サンダースやジェレミー・コービンなどの登場で「若者が社会主義返りしている」と言われる時代に、ソーシャルなフェミニズム運動が回帰したのは偶然ではないのかもしれない。

そのどちらを好むか、或いはどちらを標榜するかは、世代で決まるというより、置かれている経済環境がどちらを多くの人々に選ばせるかで決まるのではないだろうか。

「今日よりも明日のほうが良くなる」と人々がふつうに信じられた経済成長の時代には、個人の努力とやる気で成り上がっていくことがクールだった。これは女性も同じことで、肩パットを入れて歯を食いしばり、セクハラを乗り越えるテクと胆力があれば女も上昇できるという個人主義と新自由主義の時代だったのだ。

しかし、現代は、グローバル資本主義と緊縮政治の綻びに疲弊した格差と貧困の時代であり、「今日よりも明日のほうが悪くなる」と思う人々が増えている。もはや個人の努力でがんばれば報われると天真爛漫に信じられる時代ではない。経済状況が変われば効果的な闘い方も変わってくるのは当然だ。

Anger is an energy

Me Too 運動と同時期に（もちろんそれほどの注目は集めなかったが）英国で Free Period 運動というのが起きた。緊縮による福祉削減の影響を受けた貧困層で、家庭に生理用品を買う余裕がないため生理になると学校を休む10歳以上の女の子たちが増えていることが社会問題になったため、学生に無料で生理用品を配布することを求めた女性たち（少数派ながら男性たちもいた）の運動である。この運動を率いたのは18歳の女性であり、デモや抗議活動に集まるのも圧倒的に若い世代の女性たちが多かった。この運動は貧困撲滅運動、反緊縮運動の一環でもあり、また、「どうして女性の生理は恥ずかしいことにされているの？」というジェンダー上のタブーの問題にも議論を広げ、これ見よがしに大きな血のりのついたナプキンやタンポンの絵を描いたプラカードを掲げて話題になった。

この運動は、女性特有の問題やそれに対する偏見の撲滅を訴えるアイデンティティ政治と、貧困や経済の問題を訴える階級政治の軸を併せ持つ、ラディカルなソーシャル型の女性運動だ。

また、反緊縮を訴えるフェミニストたちの動きも、ソーシャルな女性運動と言える。こちらも厳しい緊縮財政下の英国で出て来た動きで、緊縮による財政支出削減や増税の影響を被るのは、男性よりも女性たちだという調査結果に基づいている。労働党の調査結果によれば、保守党政権が２０１０年に緊縮を始めて以来、そのしわ寄せの86％が女性におよんでおり、英国における男女格差はさらに拡大している。この分析は、緊縮による税制改革、福祉制度改革によって受ける損失を男女別に割り出したもので、２０１０年から２０２０年までの財政支出削減による損失の推計は、女性で総額約７９０億ポンド、男性で約１３０億ポンドになるという。緊縮は貧しい層ほど痛めつけられる政策と言われ、女性の平均所得は男性のそれよりも低く、シングルペアレントも男性より女性のほうが多い。「緊縮はフェミニズム・イシューだ」という彼女たちのスローガンもまた、政治による抑圧と闘おうとする「ソーシャル」なフェミニズムである。

モイラ・ドネガンはソーシャル・フェミニズムの原点を1970年代の「家事労働に賃金を」運動であると定義したが、もっと遡れば、その起源は女性参政権運動だろう。19世紀末から20世紀はじめにかけてのサフラジストやサフラジェット（女性参政権運動の穏健派と戦闘派）の活動が、まさにソーシャルな女性運動だった。彼女たちは、女性が参政権を得ることを運動のゴールとは見なしていなかった。むしろそれは、社会を変えるという目的を達成するための手段の一つであり、女性参政権運動で闘ったソーシャル・フェミニストたちは、その後も女性や子どもたちの権利に関わる分野で運動を続けた。

2018年は、ちょうど英国で初めて女性に参政権が認められた年（とはいえ、最初はある一定の財産を所有する30歳以上の女性のみに限られていたが）から100年目だった。ゆえに英国各地でそれを記念するマーチやイベントが開催された。英国では、体を張って過激な行動も行い、当時は「テロ集団」と見なされていたサフラジェットがとくに有名で、2015年には『未来を花束にして』（サラ・ガヴロン監督、キャリー・マリガン、メリル・ストリープなどが出演）というサフラジェットたちの運動をテーマにした映画が製作されているし、2018年には、白人だったサフラジェットたちを黒人キャストが演じたミュージカル『Sylvia』がウエストエンドで上演された。

この女性参政権運動から100年目の時代に、Me Too運動のような女性運動が広がり、多くの女性たちがサフラジェットのカラーだった白とグリーンと紫の衣服を身に着け行進している姿を見ると、いよいよフェミニズムのソーシャルなものへの回帰を実感させられた。個人の努力や能力で女のパワーを示す時代から、連帯して社会を変えようとする時代へ、のシフトである。

と、このようなことを書くと、連帯は大昔だからできたことで、価値観やフェミニズムの定義が多様化した現代には無理、と言われそうだが、女性参政権運動の時代の女性たちもやはり分裂し、対立し合っていた。穏健で合法的な手段を使って女性参政権を獲得しようとするサフラジストと、そんなことでは生ぬるいと暴力的行為に打って出たサフラジェットが、お互いの運動を迷惑がり、あいつらのおかげで女性参政権が遠のくと批判し合っていたという事実はちょっとしたデジャヴを見るようだ。

『説教したがる男たち』のレベッカ・ソルニットは、これからのフェミニズムは「男女の争いではなく――両陣営に保守派の女性や進歩的な男性がいて、そんなに単純には分かれていない――性役割をめぐる戦いだ」と書いているが、女性の問題を単なる左派やリベラルの一つのアジェンダにしてしまうことには個人的には一抹の不安も残る。「分裂していくのが左派の宿命」と言われているように、フェミニズムもまた細かく分裂して先鋭化していくだけになってしまったら、リベラルの衰退とともに女性の権利も後退し、地べたレベルでは女性をめぐる現実はむしろ悪化していくだろう。

これは女性なら誰でも一度は考えたことがあると思うが、世の中の半分は女性なのに、なぜ女性はマイノリティーと呼ばれるのだろう。数的には、女性は少数派ではない。なのに、なかなか男性と平等になれないのは、もちろん歴史的、経済的、文化的な様々の要因はあるけれども、それ以前の問題として、人数があまりに多すぎてまとまらないという致命的な事実があるのではないか。

ここで男性のみなさんは失笑するところではない。「女性の敵は女性」と言うが、それを言うなら男性の敵だって男性ではないか。ただ、あなたたちの場合は、様々な階級や人種や宗教や思想や、子どもを持つとか持たないとか夫婦別姓にするとかしないとか化粧をするとかしないとか腋毛をそるとかそらないとか、ほんとに細々したことにおけるいろいろな違いを持つ膨大な数の人間の集まりとして連帯して何かを求める必要が一度もなかったのだ。ラッキーだったのだ。

長い長い女性たちの闘いは、この究極の困難さと闘うバトルでもある。

だが、レイプを告発した女性が国にいられなくなったとか、人命救助を行おうとした女性が相撲の土俵から降ろされたとか、入試で女性が合格しないような不正操作が行われていたとか、そういうことがいつも海外のメディアに報道されているような、世界ジェンダーギャップ指数110位の先進国に住んでいる女性たちは、きっといろんな違いはあっても、わりとまんべんなく、ふつふつふつふつしながら日々を生きているのだろうと思うのだ。

長い闘いとバックラッシュと対立と分裂の果てに、女性の怒りはふつふつになった。そりゃさすがにサフラジェットの時代からすれば女性の権利はかなり前進しているので、彼女らのようにぐらぐら怒りをたぎらせて街で放火したり大臣を鞭で襲ったりすることもない。

それでも、わたしたちのふつふつは彼女らの原初の怒りが100年かけて変容してきたものだ。

「Anger is an energy」というスローガンを広めたのは、元セックス・ピストルズのジョン・ライドンという人だが、怒りが社会を変えるという考え方は英国には根強くある。例えば英国労働党の伝説の左派議員である故トニー・ベンや、英国労働党党首のジェレミー・コービン、『チャヴ』『エスタブリッシュメント』の著者オーウェン・ジョーンズも、社会を変えるのはピープルの怒りだと言っている。

その怒りをいま日本で一番多く持っているのは女性たちではないだろうか。

そしてそのことに気づいている男性はすでにけっこういる。それを権力争いや功名心のために利用しようとしている人々もいる。

だが、来たるべき変化は、「ほら、お前らにくれてやるよ。対外的な顔も作らなきゃいけないし、お前らにもがんばってもらわないと経済成長できないし」と飼い主がテーブルの下にいる犬に投げる餌のごとく与えられるものであってはならない。女性たちが、女性たちの力で手に入れなくてはならない。

シスターフッドと原初の怒り。

2019年以降の日本を象徴する言葉が、この二つになればいいと個人的には思っている。ちなみに、新たな元号の時代の皇后になる人は、「私的にも公的にも、プリンセス・マサコが彼女のポテンシャルを最大限に活かして花開く姿を見ることができないのは、世界中の女性にとって損失である」とフォーブス誌に書かれたことがある。

元号が変わることよりよっぽど日本を変え得るのは、ガール・パワーだ。そして世界もきっと、それを見ている。

ポスト・ヒストリーとしての平成時代

白井聡

白井聡（しらい・さとし）
政治学者。1977年、東京都生まれ。早稲田大学政治経済学部政治学科卒業、一橋大学大学院社会学研究科博士課程単位修得退学。博士（社会学）。専門は社会思想、政治学。京都精華大学人文学部専任講師。おもな著作に『国体論——菊と星条旗』（集英社新書）、『永続敗戦論——戦後日本の核心』（太田出版・石橋湛山賞、角川財団学芸賞受賞）などがある。

はじめに

平成時代が終わろうとしているいま、平成時代を総括するという試みは、取り組んでみて意外なほどに難しいことに気づかされる。しかし、それはある意味で当然なのだ。歴史の転換を画する困難な時代は、後代の注目を集め、詳細な検討・吟味がなされる。例えば、日本近代史で言えば、十五年戦争とその前後の時代はそのような時代であり、多くの言及・研究がなされてきた。

平成時代もそのような時代になるだろう。あの昭和ファシズム期のことを知れば知るほど、「この時代の日本人は何という愚かな状態に落ち込んでいたのか！」とわれわれは驚愕・嘆息せざるを得ないわけだが、後代の日本人は、平成時代を分析して同じ感慨を催すだろう。われわれが落ち込んでいる悲惨さは、あまりに多様に過ぎて、一つ一つを数え上げようとする試みは、想像するだけで眩暈を催させる。

ただし、われわれが生きた平成時代の、数限りなく存在する記憶すべきこと、記録すべきことを遺漏なく列挙することは原理的にできない。なぜなら、われわれは自分自身がその中を生きている時空を対象化し尽くすことはできないからだ。だが、われわれは少なくとも、後代の人々に、この悲惨な時代に生きた人間が何を思い、何を感じていたのかについての手掛かりのようなものは、遺すことができるだろう。

しかし、ここにはさらなる留保が付けられなければならない。果たして、「遺す相手」、すなわち「後代の日本人」なるものは存在するのだろうか。三島由紀夫はあの割腹事件を起こす約4ヶ月前に次のように書いていた。

私はこれからの日本に大して希望をつなぐことができない。このまま行ったら「日本」はなくなってしまうのではないかという感を日ましに深くする。日本はなくなって、その代わりに、無機的な、からっぽな、ニュートラルな、中間色の、富裕な、抜目がない、或る経済的大国が極東の一角に残るのであろう。それでもいいと思っている人たちと、私は口をきく気にもなれなくなっているのである。

（「果たし得ていない約束——私の中の二十五年」）

三島がこの文章を発表したのは1970年のことだが、言うまでもなく、現状はこの作家の悲観主義をも越えて悪化した。悲観的な三島がそれでも残るだろうと想定した経済大国の地位さえも徐々に失いつつある平成末期の日本に残っているのは、放射能で汚染された国土と、精気を失った人々の群れである。日々入って来るニュースは、この国の統治エリートたちのうち、「日本」を存続させようという意思を持っている者は少数派に違いないというきわめて苦々しい事実を告げている。そして、これらエリート層の支配下にある「普通の人々」

が、こうした支配に対して抵抗せず、違和感すら持っていないのだとすれば、生物としての最低限の生存本能の衰弱すら疑われる。この状態が続くならば、平成日本を「自らの歴史」としてとらえる人々は存在しなくなるであろう。

なぜ、平成時代はこのような時代でしかあり得なかったのか。本稿が時代の証言として書き遺すことができるのは、この問いに対する一つの仮説である。

平成の始まりと三つの終わり

平成時代が始まったとき（1989年1月）、ほとんど時を同じくして、三つの終わりがあった。

まずは、当然のことながら、昭和が終わった。「現人神」と「人間」、「大元帥」と「平和の旗手」、「統治権の総覧者」と「象徴」という二つの生を生きた昭和天皇が没することで、「戦後」のイメージはひとまず完結したようにも感じられた。同年6月の美空ひばりの他界なども相俟って昭和時代を総括する機運が高まり、「激動の昭和」、「焼け跡から復興、高度成長、平和と繁栄の時代」といったフレーズが、報道や歴史ドキュメンタリーにおいて昭和時代と戦後を形容する表現として多用され、定型化されていった。

あらためて指摘されるべきは、われわれはある意味で「ポスト・ヒストリー」を生きているということだ。2011年の東日本大震災と福島第一原発事故を受けて、2020年東京オリンピック、2025年大阪万博開催という処方箋が出てくる発想は、「焼け跡から繁栄へ」という物語以外に現在の日本人が、何らの歴史的想像力の源泉をも持っていないことを証している。したがって、昭和と共に「歴史は終わった」のであり、平成はポスト・ヒストリカルな時代として経過してきた。

二つ目の終わりとは、東西対立の終焉である。1989年11月のベルリンの壁崩壊、その翌年のドイツ再統一に引き続いて、1991年12月にはソヴィエト連邦が崩壊する。第二次世界大戦終結以来続いてきた自由主義陣営と社会主義陣営の対決は、前者の全面勝利によって、決着がついた。偶然ではあるが、昭和の終焉と平成の始まりは、この過程の開始直前に位置している。

この大変動は、国際関係における日本の立ち位置を根本的に変更するものだった。要するに、戦後一貫して日本がとってきた日米関係基軸（日米同盟あるいは対米従属）路線の根本的な前提が消滅したのである。戦後綿々と継続されてきた親米路線は、アメリカが日本に恩恵をもたらしてくれることへの期待に依拠していたが、その期待の前提はソ連という日米共通の敵が存在することだった。1970年代以降、アメリカ経済が衰退を露にする一方、日本経済は成長を続け、「ジャパン・アズ・ナンバーワン」（エズラ・ヴォーゲルの1979年のベストセラー著作）とまでもてはやされるなか、1980年代には日米半導体戦争に象徴されるように、アメリカから見て日本の経済力は圧し潰すべき脅威となっていた。90年前後の共産圏の崩壊は、日本の経済力を圧し潰すことを思いとどまる政治的理由が取り去られたことを意味した。

また、東西対立の終焉は、戦後日本のナショナリズムの構造的前提を変更するものでもあった。戦後日本の保守派の主流のスタンスは、「親米保守」、すなわち「保守」の前に「親米」という外国への好意ないし好感を示す接頭辞が付くという締りのないものだったが、それでもソ連が崩壊するまでは、一応の弁解の余地を持っていた。それは、不本意ではあるが、強大な共産圏への対抗上やむをえない一時的なものである、と弁明し得た。しかし、平成時代に忘却の彼方へと消えて行ったのは、この弁明である。このことは、後で見るが、戦後日本のナショナリズムが、本当のところは何を中核とするものであったのか、何に依拠するものであったのかを示唆するであろう。

三つ目の終わりは、戦後日本の経済成長の終焉である。日経平均株価がピーク値をつけたのは、１９８９年の大納会（12月29日）であったが、その後、湾岸戦争や公定歩合の引き上げを背景として景気は後退局面に入り、株価・土地価格の顕著な下落が起こった。内閣府の景気基準日付に従うならば、いわゆるバブル崩壊の時期は、景気後退期が始まる１９９１年３月頃であったと規定できる。

平成時代の初頭に生じたバブル崩壊と不況は、当時の感覚では周期的な景気後退の一局面にすぎないようにとらえられたが、今日の視点から振り返れば、明らかに戦後日本経済の根

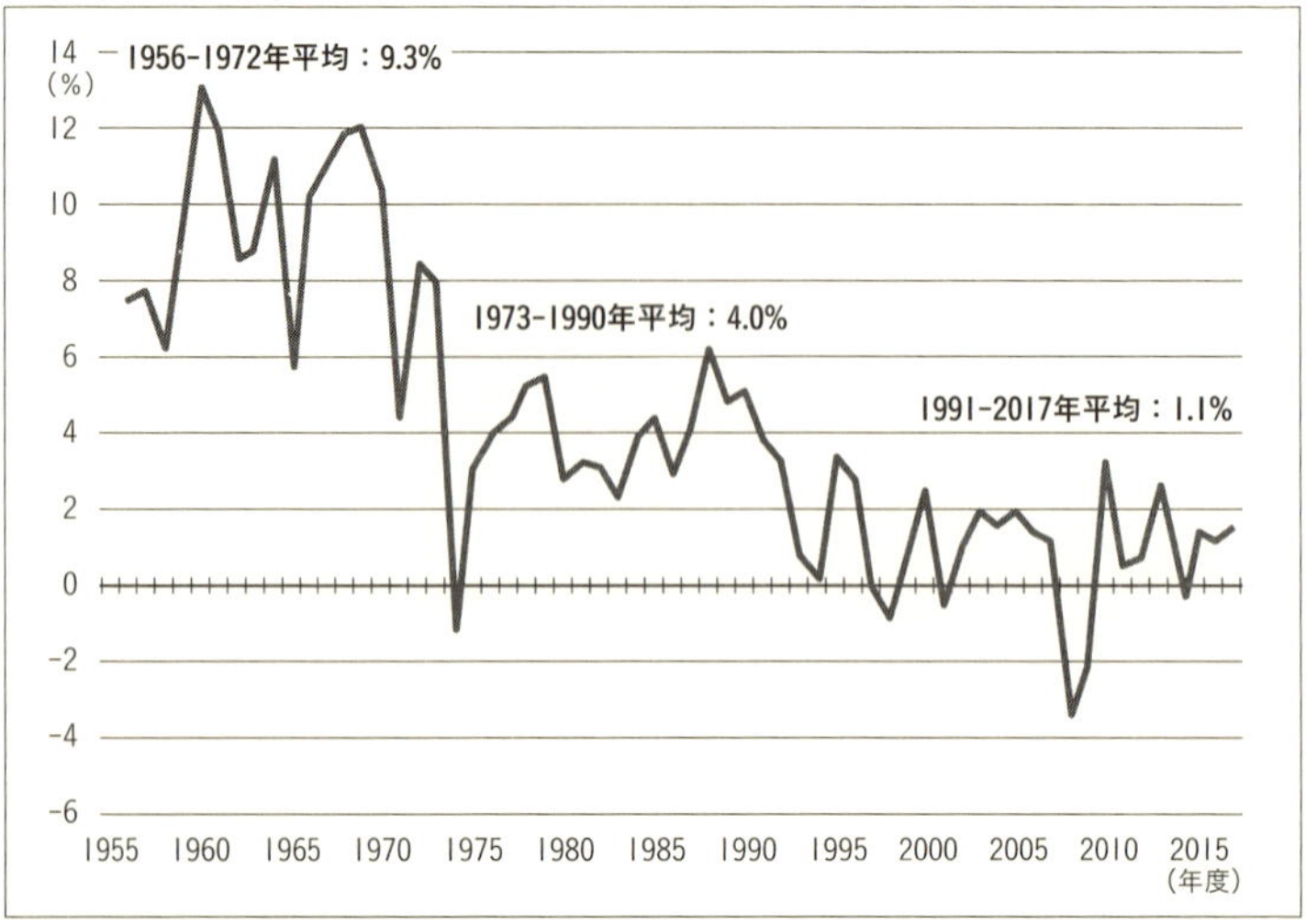

図1　GDP 成長率の推移（日本）
年平均は区間内各年度成長率（実質 GDP 前年比増減率）の単純平均。
内閣府『国民所得統計』より作成。

本的な局面転換を意味していた。図1にあるように、高度成長期（1956〜1972年）の平均成長率が9・3%、オイルショックからバブル崩壊までの安定成長期（1973〜1990年）の平均成長率が4・0%であるのに対し、バブル崩壊以降から現在（1991〜2017年）、すなわち「失われた30年」あるいは平成時代のほとんどの時期の平均成長率は、わずか1・1%である。

冷静に見れば、この転換は来るべきものが来たということにすぎない。すなわち、ほぼ一貫して高い成長率をマークしてきた戦後日本経済がほとんど定常経済に近い低成長に落ち込んだわけだが、図2-1と図2-2

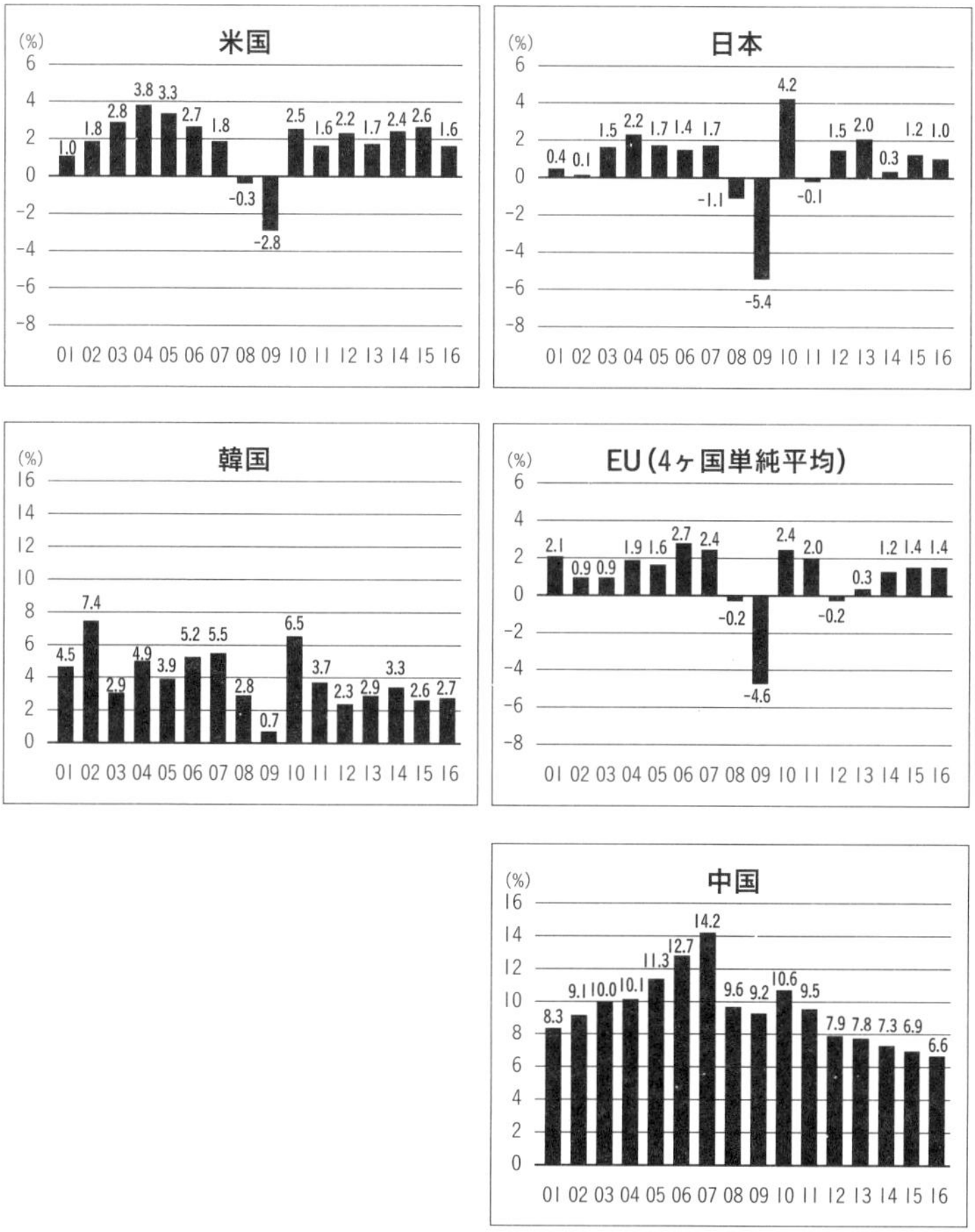

図2-1　近年の経済成長率の推移（主要国・地域）

日本・米国・EU、および中国と韓国は同じ目盛り。EU4ヶ国は英国、ドイツ、フランス、イタリア。

資料の出所は IMF「World Economic Outlook Database」（October 2016）、および日本は内閣府。

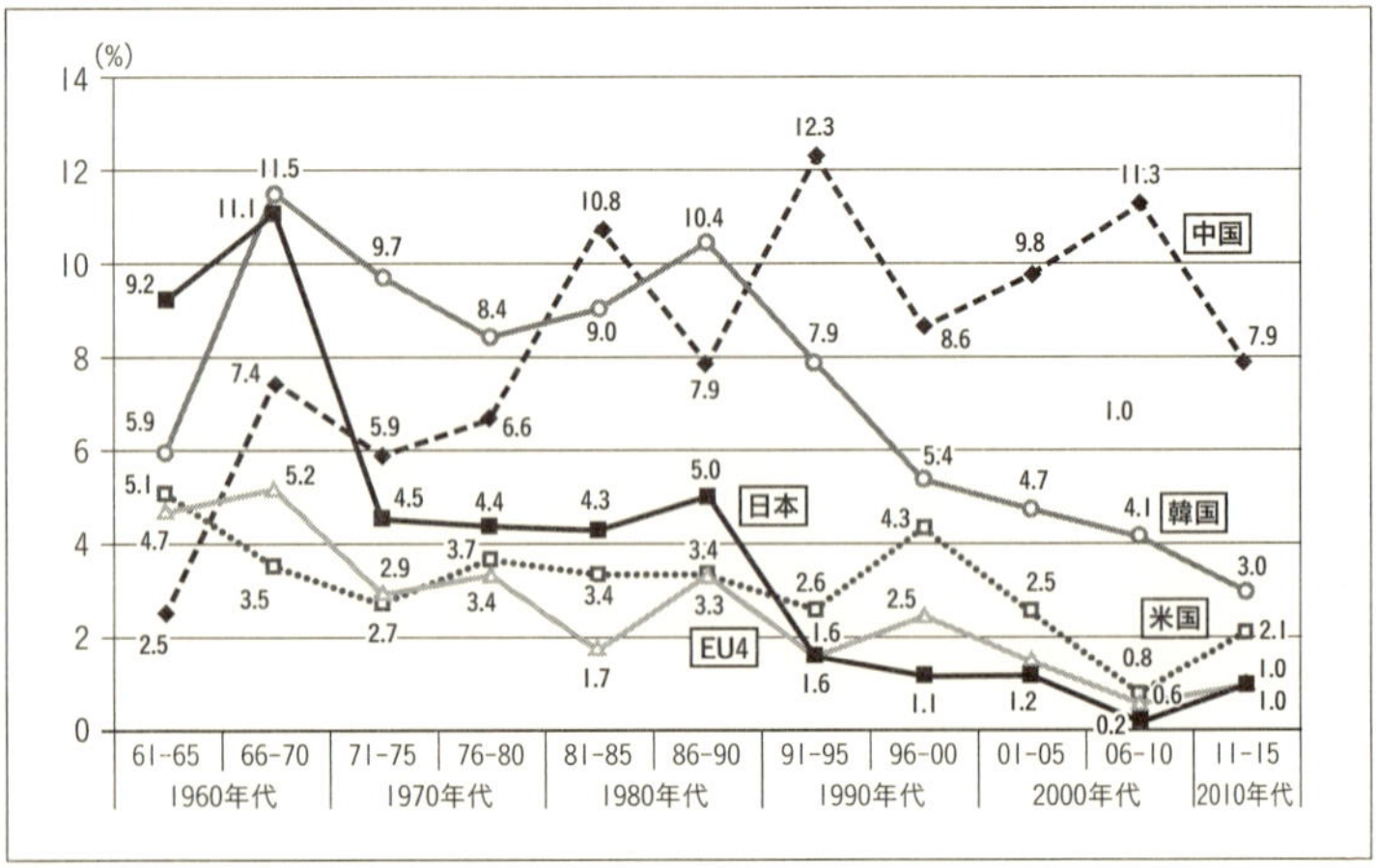

図2-2　年代ごとの経済成長率の推移（主要国・地域）

年代ごとの経済成長率は各年の成長率（実質 GDP 対前年増減率）の単純平均である。
EU 4ヶ国は英国、ドイツ（90年までは西独）、フランス、イタリア。
資料の出所は世界銀行「WDI Online（Jan 30, 2015）」（90年までの西独は OECD 資料、2001 年以降は図2-1 と同じ）、および日本は内閣府。

を参照すればわかるように、それは日本経済がヨーロッパの主要国やアメリカと同様に成熟期を迎え、拡大し続ける局面を終えたことを意味した。

しかし、戦後日本にとっての経済成長は、「豊かになり生活が快適になること」以上のものを意味していた。それは一種のナショナル・アイデンティティですらあったと言える。ゆえに、平成時代という経済成長不在の時代は、日本人の自己同一性、存在の中核が失われた時代となり、同時に実現すべき理念を失った、その意味でも歴史を失ったポスト・ヒストリカルな時代となった。

ポスト・ヒストリーの時代としての平成

三つの終わりがもたらしたものをまとめてみよう。三つの終わりに共通するものは、ポスト・ヒストリー、すなわち「大文字の歴史」ないしヘーゲル的な意味での世界史の発展過程をすでに終えている、という状況である。無論それは、日本に特殊な状況ではないし、共産圏の崩壊による「歴史の終焉」（フランシス・フクヤマ）と昭和の終わりが時間的に重なったことは、全くの偶然による。

「歴史の終焉」論と同時に時代のバズワードとなったのは「グローバル化」であり、それによって国民国家は相対化される、あるいは論者によっては近代主権国家は消滅するという議論までもが世界中で盛んに語られた。後者の議論は極論にすぎるとしても、資本主義のグローバル化が国民国家の現実的および精神的な支配力を弱めてきたことに疑いはない。つまり、平成時代は、日本に限らず世界的な現象として「国民国家の黄昏」の時代であった。そして、近代社会の大多数の諸国民にとって、歴史とは良くも悪くも、当該国民の属する国民国家の歴史であった。してみれば、この時代状況において、歴史を自覚する枠組みが揺るがされ、人々が歴史的な方向感覚を見失う状態に陥ったのは、当然ではあったのだろう。

だが、東浩紀が「動物化」をキーワードとして論じたように、この方向失調状態は、日本においてとりわけ顕著なかたちで現れているように感じられる。言い換えれば、世界的に突出して、日本人はポスト・ヒストリーを生きているのではないのか。

平成末期の世相について、與那覇潤は「歴史家廃業」を宣言しつつ、興味深い視点を示している。いわく、歴史家が探求の対象としてきた「歴史」（＝ヘーゲル的な意味での歴史）は、近年の人々の精神において消滅してしまったのであり、したがって歴史家は廃業せざるを得ない、という。與那覇は、現代日本のさまざまな「歴史ブーム」の興隆は一見歴史への関心の高まりを示しているように見えて、実はそれは逆に「歴史」の蒸発の表れであると見る。なぜなら、歴史ブームにおける歴史への関心は、「歴史」に本来備わっていたはずの「奥行き」を欠いているからである。いわく、「奥行きということばのニュアンスを、もうすこし具体的にいうと、現時点で私たちがもっている価値観や提示されている選択肢、そういったものの成立事情や背景をしることで見えてくる、相対化の感覚、ということになるでしょうか。どの価値観や選択肢をえらぼうと、歴史の流れにそれらが拘束されていることをしれば、けっして全能感は得られない。そういうわりきれなさ、『過去の影』のようなものですね」[*1]。

確かに、平成の世から姿を消したのは、この「奥行き」だった。與那覇は、大ベストセラーとなった百田尚樹の『永遠の０』（２００６年）をその典型例として示しているが、同書の特徴が、証言者に過去を証言させる体裁を取りながら、その証言者の言葉がすべて現代人のものとなっていることを指摘する。『『未知の過去をたずねる』形式をとりながら、じっさいにはどの証言者を切りとっても、現代人たる『著者の百田氏の分身』としか出会っていないのが、『永遠の０』に奥行きがない理由です。そして、だから読まれたのです」[*2]。

「歴史」の消滅に密接に関わるものは、「全能感」である。あらゆる本質的な闘争がすでに決着済みであり、人類は歴史の終着点にすでに到達したという意識からすれば、過去は、一見未知のようであっても、現代人の感覚・価値観に基づいて十全に表象再現可能であり、やはり同じ感覚・価値観から遠慮会釈なしに解釈・評価を下しうる対象となる。

逆に、與那覇の言う「奥行き」とは、そのような全能感の享受を人にできなくさせる何かである。われわれの未来が本質的に不確定で未知であるならば、究極的に何が正しく何が間違っているのかをわれわれは知り得ず、したがって過去も、有限なる現在のわれわれから裁断することはできない。このような有限性の自覚の消滅が、ポスト・ヒストリカルな歴史消費を可能にしたわけである。

あるいは、精神分析医の斎藤環は、「歴史の終わり」の後の時間は、「回帰」の契機を欠いた、「無限に延長可能な空間と化した『時間』の残骸である」[*3]と規定する。「歴史は終わった」という感覚は、時間の流れに本質的な断絶が刻み込まれることは金輪際決してないという感覚にほかならず、したがって、将来の時間は永久の均質性によって埋め尽くされる。こ

＊１ 與那覇潤「歴史学者廃業記　歴史喪失の時代」文藝春秋ウェブサイト、２０１８年５月15日。
＊２ 同前。
＊３ 斎藤環『解離のポップ・スキル』勁草書房、２００４年、２７９ページ。

れに対して、「回帰」とは、そのような均質性を破る何かを指すだろう。その典型例としては、大規模な政治変動・革命が太古のユートピアの再出現として感覚されることや、民族解放運動がその民族の歴史的起源や重大な出来事の再現としてイメージされることなどが挙げられるだろう。

個人のレベルでは、「回帰」するものとは、各々の経験に由来する自己同一性であろう。この契機が欠けたとき、人間は「成熟」することができなくなると斎藤は指摘する。「『成熟』とは、反復回帰する時間を受け入れることなのだ。こうした構造を否認し、無限に延長された空間の彼方に未来を表象すること。そのとき人は成熟を免れるかわりに、万能感と空虚さの源である空間的時間の中に封じ込められることになる」[*4]。こうした、言うなれば平成的な時間感覚が、この時代に大量発生した「引きこもり」や「自分探し」といった若年世代のアノミーの前提となっているのではないか、と斎藤は論じている。

ここで「万能感と空虚さ」の対概念として語られている「成熟」とは、ハイデガー用語で言えば、自己の〈被投性〉の自覚であり、かかる有限性の自覚（＝幼児的全能感の断念）を通した自らの欲望の確立を指すだろう。「私はかくかくしかじかの者以外の何者でもあり得ない」ことを受け入れ、そのような者として何をなすべきかを見出すこと——こうした過程こそ「成熟」にほかならない。

そして、疑いなく、平成時代は「成熟の拒否」が全面化に至る過程であった。そのことは、今日の大学のキャンパスの風景を一瞥するだけで了解できることだ。政治的・社会的メッセージを伝える媒体が消え、「成熟の拒否」の典型であるオタク文化的表象（ロリータコンプレックスを露骨に表出するもの）が「あられもなく」氾濫するようになった光景がそれを物語っている。筆者の知る限り、成熟の拒否をかくも大っぴらに（恥ずかし気なく）謳歌できる文明は、日本以外にはあるまい。

與那覇や斎藤の立論は、平成時代に進行した、宮台真司が言うところの「感情の劣化」とも関連するだろう。與那覇の指摘するポスト・ヒストリカルな歴史叙述の特徴のひとつは、ディテールに関する描写が欠けていることである。『永遠の0』について、與那覇はつぎのように述べる。

　この、歴史をたずねているはずが、自分にしか出会わない「旅」になるという構成は、文体にもあらわれています。容貌について具体的な描写がほとんどないので、肝心の祖父・宮部久蔵も背が高いことしかわからず、女性の登場人物はただ「美人」だとしか書かれない。読む前から読者の頭の中にある、偉丈夫や美女のイメージを代入して、各自満足してくださいということですね。これも平成を席巻した、ライトノベルやケータイ

＊4 同前、280ページ。

小説に通じる特徴かもしれません。*5

細部の描写には、「他者性」が宿る。すなわち、未知であるがゆえに概念に還元できないものが「ありのままに」描写せられ、そこからわれわれにとって理解することのできない他者の有り様が喚起される。そこには我有化できない「他者」としての歴史性が刻印される。あるいは、技術的な側面から言えば、それは感情移入を遅延させるための技法である。われわれは、とりわけ文芸作品を読むとき、多くの場合登場人物や語り手に何らかのかたちでの感情移入をせずにはいられないが、そのとき、そうした感情の動きが、登場人物の細部の描写を通じた間接的なものによってしか喚起され得ないものであることによって、「他者は理解し尽くすことができる」という万能感・全能感は断念させられる。

全能なるポスト・ヒストリカルな人間にとって、このような遅延や断念の過程、言い換えれば感情の成熟過程は無駄なものでしかなく、それが省かれることは、一種の効率化でしかないのであろう。しかし、その代償はとてつもなく大きい。作品の享受において、あるいは日常生活においても感情移入そのものが消滅することはない以上、それは複雑な過程を欠いたままなされるほかない。ゆえにそこから生じるのは、感情が成熟せずに単純化すること、その劣化である。

感情の劣化は、いわゆるネトウヨの増殖といった攻撃的な人格の大量——しかし、少数者にすぎない——発生についてつとに指摘されるが、このような逸脱的な事例と異なり一見無害なかたちで、はるかに広範に広がっている。例えば、マツコ・デラックスはティーンエイジャーのカリスマである（らしい？）西野カナ（歌手）に関して、次のような辛辣だが正論と言うほかない言葉を投げ掛けている。

「ありがとう、君がいてくれて、本当よかったよ……」なんて詞（…）をどう解釈しろっていうのよ。どこに心の機微があるの？（…）「ありがとう」ということを自分なりの言葉に代えて表現することこそが、作詞活動じゃないの？（…）あのボキャブラリーでよく歌詞なんか書こうと思ったものね。（…）あんな3歳児でもわかるようなフレーズじゃないと、今の若い人たちは共感できないの？　そんなに想像力がなくなっているの？

（『世迷いごと』双葉社、198〜199ページ）

重要なのは、「心の機微」の表現が稚拙なのではなく、そもそも「心の機微」が存在しない、ないものは表現できない、ということだ。他者の感情の複雑な動きを感知して読み取ることは、訓練なしにはできないし、その読解能力を持たない者は、自らも複雑な感情を持つ

＊5　與那覇潤、前掲、「歴史学者廃業記　歴史喪失の時代」。

ことはできない。昭和から平成にかけてのヒット曲の歌詞を検証してみれば、国民の文芸的リテラシーの崩壊的低下（「3歳児でもわかるようなフレーズ」の増殖）は明白であると思われるが、それは音楽産業の栄枯盛衰などよりもはるかに重大な事態、すなわち、日本人が感情を表現する能力が低下してきたことではなく、感情そのものの質の低下を示唆するものであろう。水村美苗がベストセラー『日本語が亡びるとき』（2008年）において主に警鐘を鳴らしたのは、グローバル化（英語化）のなかで知の媒体としての日本語が衰退する事態であったが、状況はおそらくより一層深刻である。「日本語が亡びる」という事態は、日本人の感情の活動そのものが劣化することをも意味している。

かくして、斎藤が言うように、ポスト・ヒストリカルな主体の全能感・万能感は、その反対物、完全な空虚さへと転化するのであり、それは最近の日本人の言語活動の端々に明瞭に表れている。例えば、「業平橋」という駅名を「スカイツリー」に気軽に変更し、山手線の新駅に「ゲートウェイ」なる語を平気で充ててしまえる感性の登場は、資本による生活世界の全面包摂・植民地化の一端を示しているだけでなく、「歴史」の許を去った人間の自由（万能性）とかかる人間の空虚性を表している。

われわれがこのような存在になった時代、それが平成だった。

平成時代の歴史的位置づけ

右に論じてきた平成時代の空虚性はあまりに甚だしく、それを認識する者にとって、絶望感を催させるかもしれない。しかし、この時代を歴史的に位置づける、言い換えれば、ポスト・ヒストリカルな時代状況を「再歴史化」することによって、その内実は解明可能である。

筆者は、2018年4月に刊行した『国体論――菊と星条旗』によって、明治維新以来の150年の日本近代史の歩みを、「国体」が形成され、相対的な安定を獲得し、そして崩壊するという過程が二度繰り返される歴史としてとらえることができる、との仮説を提示した。平成がここまで悲惨な時代となった理由は、この歴史把握から明快に説明しうる。

すなわち、ここで言う「国体」とは、無論明治期に形成された天皇を絶対的な中心とする国家体制を指すが、この体制は速成的な近代化を成功させ、日本はいわゆる一等国の仲間入りを果たした。続く大正期になると、明治の藩閥勢力による権威主義的体制への批判が高まることで、一定の民主化・自由化が進行した。だが、昭和期に入ると、民主化・自由化の潮流はファッショ化へと転化し、無謀な戦争の果てに国体は破滅する。

敗戦に伴う一連の民主化改革によって「国体」は解体され、死語と化すが、筆者の説は、国体は「菊と星条旗の結合」によって生き延びた、すなわち、戦後日本の対米従属体制のなかに再建されたと見る。

日本の敗戦処理において、アメリカが天皇制を象徴天皇制へと改変することによって存続させ、戦前の保守支配層のある部分の戦争責任を免責し、「親米保守派」として統治権力の当事者へと仕立てたことは、あまりにもよく知られている。しかし、このことの深甚な意味、すなわちこの戦後日本の基礎構築の過程がパワー・ポリティクス的な次元においてアメリカが日本を属国化する過程であったのみならず、戦後の日本人の精神的基盤を戦前天皇制を原型としつつ再編成するものだったことについて、今日露になっているその究極的帰結をも含んで、その全体像が示されたことはない。

要するに、戦後日本に成立したのは、アメリカを頂点とする天皇制(＝戦後の国体)にほかならなかった。戦前の国体から受け継がれた最も重要な要素は、「天皇＝国民の大いなる父／国民＝天皇陛下の赤子」とした独特の家族国家観である。ゆえに、日本にとってのアメリカは、宗主国として君臨・支配するものとしてではなく、「天皇陛下のように慈悲深く」「日本を愛する存在」として現れる。戦前天皇制が日本人全体を一つの家族であると規定して日本国家には支配・服従の関係は存在しないと強弁したのと同じように、戦後の日米関係には支配・従属の関係は存在しない、したがって、(世界の日本人以外のすべての人々の常識に反して)日本はアメリカの属国ではない、という妄想が紛うことなき社会的現実として通用してきた。世界にはアメリカに依存し従属している国は星の数ほどあるが、日本だけが従属の事実を否認しつつ従属している。国体は、まさに「万邦無比」なのである。

そのように見たとき、戦後の歴史と戦前の歴史との間には、明瞭な並行関係を見て取ることができる。明治の国体が近代化を可能にしたように、戦後の対米従属体制は、復興と高度成長、経済大国化をもたらした。そして、大正期に天皇の存在感が希薄化したのに似て、昭和末期、おおよそ1970年代から昭和の終わりにかけて、対米従属の事実は不可視になる。「ジャパン・アズ・ナンバーワン」が喋々され、日系資本がアメリカの老舗企業やマンハッタンのランドマークを買い漁るという状況においては、「属国」であることのリアリティは蒸発するに至った。しかし、大正デモクラシーから昭和ファシズムへの暗転に似て、対米自立の機会はここで逸され、ソ連の崩壊によって対米従属体制を続ける合理的理由が消えた時期においてこそ逆に、この体制がますます露骨なものとなって、現在に至るわけである。

かくのごとく、「戦前の国体」と「戦後の国体」の歩みは並行している。その視角から平成を規定するならば、それが見るも無残な時代となったことの道理は容易に理解されよう。大正時代を実質的に終わらせたと言われる関東大震災から敗戦に至る昭和前期と同様に、平成時代は「国体の崩壊期」にほかならない。昭和前期において「戦前の国体」の不条理が極限化したのと同じく、平成時代は「対米従属を否認する対米従属」という「戦後の国体」の不条理が露になりつつ極限化してきたのである。

「歴史」の回復

「アメリカの傘の下　夢も見ました」と歌ったのは、桑田佳祐だった（サザンオールスターズ「平和の琉歌」、1996年）。まさに敗戦から昭和の終わりまでは、アメリカに従属しながら反発することで、「夢を見る」ことができた時代だった。内田樹は次のように書いている。

もともと60年代以降の高度成長期を担ってきたのは戦中派世代である。彼らを駆動していたのは「次はアメリカに勝つ」という敗戦国民としてはごくノーマルな「悲憤慷慨」の思いであった。

江藤淳はプリンストン大学に籍を置いていた1963年に中学の同級生とニューヨークで邂逅するが、商社勤めのその友人は酔余の勢いを借りて江藤にこう言う。

「うちの連中がみんな必死になって東奔西走しているのはな、戦争をしているからだ。日米戦争が二十何年か前に終わったなんていうのは、お前らみたいな文士や学者の寝言だよ。（…）これは経済競争なんていうものじゃない。戦争だ。（…）おれたちはそれを戦っているのだ。今度は敗けられない」（「エデンの東にて」）

ここまで過激な表現を取らないまでも、1970年代まで現役だった戦中派ビジネスマンたちには「アメリカと経済戦争をしている」という自覚は無意識的には共有されていたはずである。この対米ルサンチマンは、バブル期に広く人口に膾炙した「日本の地価の合計でアメリカが二つ買える」という言葉にもはっきりと反響していた。[*6]

悲憤慷慨、失地回復、復讐。それらを単にネガティヴな感情として片づけることはできない。それらなくして、戦後の日本人が過労死をも厭わず経済大国化を志向することなどなかったはずである。さらには、「経済戦争」は、敗戦にもかかわらず、日本人が「世界史」のプレイヤーの立場にとどまるための手段だった。戦前の大日本帝国が懐《いだ》いた「アジアの盟主」、さらには「八紘一宇」を達成するというかたちで世界史の舞台に立つという物語は、敗戦によって頓挫したわけだが、「今度は敗けられない」戦いを経済の舞台で闘うことで、戦後の日本人は世界史の主体たりうる道を見出したということだ。

そして、平成時代のわれわれは、この物語を見失い、それに代わるものをいまだ手にしていない。換言すれば、われわれの依って立つ存在論的基盤を失ったままだ。平成がまだ始まったばかりの1991年、「24時間戦えますか」のフレーズが大流行した、言い換えれば、さしたる違和感もなく受け止められたが、この言葉が今日使われるならば、それは単に、使い倒され、病や自殺に追い遣られる不幸な労働者を連想させるだけである。

＊6　内田樹「平成が終わる」、内田樹公式ウェブサイト。

しかし、われわれは「アメリカの傘の下見た夢」は、必然的に悪夢に終わるほかないことをいい加減に直視せねばならない。失地回復（経済成長）は、実質的な意味（日本製品へのアメリカ市場の開放・軍事的依存・アメリカの戦争による経済的恩恵等々）でアメリカに依存すると同時に、精神の次元でもアメリカに逆説的に依存していた。要言するならば、甘えながらの反発——それは、無惨なほどに「赤子」にふさわしい精神態度であろう。

そして、この「子供の幸福」すらをも失ったいま、存在論的基盤を取り戻す最も安易な方法であるインスタントなナショナリズムへの傾斜が猖獗《しょうけつ》を極めている。平成末期は、右傾化や愛国主義の風潮が強まったが、それは世界各地で見られるように、グローバル化のもたらす社会不安への反動として、ある意味では必然的な現象ではある。

だが、平成日本で際立つ点は、このナショナリズムの現象が、まさにポスト・ヒストリカルな主体によって担われているところにあるように感じられる。それを証する例には枚挙に暇がないが、総じて見て取れるのは、「保守」だの「伝統」だのといったワードをむやみと口にしたがるくせに、その「伝統回帰」は、歴史に関する教養の獲得や伝統的感性の涵養といった「手間のかかる」手続きを一切捨象した、全くの口先にすぎぬものとして現れている、という状況である。そして、そのなかでも最も有害なものとして、誰かを「反日」として誹謗中傷することで愛国者を気取る、というほとんど戯画的なまでにサミュエル・ジョンソンの有名な「ならず者」の定義（「愛国心は、ならず者の最後の避難場所である」）に合致する現象が目立ってきている。

そしてこのジャンクなナショナリズムは、先に見た、斎藤環の言う全能感に満ちかつ空虚な主体によるナショナリズムにほかなるまい。斎藤が挙げていた、時間を「歴史」的時間たらしめるもの、すなわち時間性における「回帰」とは、個人のレベルでは、主体の自己同一性を自己の経験から吟味し維持しようとする努力、いわゆる「内省」であろう。そのような回帰の契機を含む時間性を必然化するものは、「死」であると斎藤は指摘している。なぜなら、「もしわれわれが不死であったなら、時間の概念をまったく必要としなかった」[*7]はずだからである。「死」とは人間存在の有限性そのものであるが、その自覚が内省をもたらし、内省が成熟を可能とする。そして、すでに見たように、このような有限性の自覚の欠如が、ポスト・ヒストリカルな主体性を特徴づけ、全能感に満ちていると同時に空虚な主体を構成する。

今日のインスタントなナショナリズムは、この空虚を埋めるために呼び出された何かであろう。主体が内省による自己否定の契機（すなわち、弁証法的発展の契機）を欠いていることと相即して、この補塡物もまた、「素晴らしき我が国の伝統」や「一点の瑕疵《かし》もない美しい我が国の歴史」といった、ただひたすらのっぺりとした無内容な空虚であらざるを得ない。そこ

＊7　斎藤環、前掲、『解離のポップ・スキル』、280ページ。

には、「死」への意識、すなわち「日本」や「日本人」もまた歴史的構成体であり、何時の日にか消滅することもありうる、という意識はない——今日まさにその可能性が顕在化しているにもかかわらず。

平成時代が制度的に終わることが、ポスト・ヒストリーの状況を自動的に終わらせるわけではない。しかし、その幕切れ、すなわち今上天皇自身が自らの時代の幕引きを異例の行動によって実現するという事態は、示唆に富むものではなかったか。

『国体論』で論じたことだが、天皇を行動へと衝き動かした深い危機意識が問い掛けたのは、突き詰めれば、「これ以上、天皇制は続くのか、それは必要なのか」という問いにほかならなかった。なぜなら、「戦後の国体」においてはアメリカが事実上の天皇の役割を果たしているというカラクリが表面化するなかで、その現実を日本人が肯定するならば、天皇は必要がないからである。

この状況において、「天皇は動き力強く祈らなければ天皇たり得ない」とする今上天皇は、「日本」がそれを構築し続けようとする意思と努力によってのみ存続しうるのと同じように、象徴天皇の存在はあの「のっぺりとした無内容な空虚」であってはならず、象徴天皇制は天皇の天皇たらんとする不断の努力によってのみ持続しうる、というテーゼを打ち出した。日本も天皇制も可死であること、このことの自覚によってのみそれらは生き延びる可能性を持ち、死への意識と死との闘争にのみ「歴史」はあることを、この思想は示唆している。

天皇の退位意向を大方の国民が受け入れた動機は、これまでの天皇の精力的な仕事ぶりに対する感謝と好意といういささか素朴な感覚であっただろう。だがそれは、突き詰めれば、今上天皇が積み重ねてきた「天皇の天皇たらんとする不断の努力」への敬意ゆえだったはずだ。われわれが「歴史」に復帰できるとすれば、その小さな入り口は、この素朴な感覚を意識にまで高めるところに開かれうるのではないだろうか。

「消費者」主権国家まで

平川克美

平川克美（ひらかわ・かつみ）

1950年、東京都生まれ。隣町珈琲店主。声と語りのダウンロードサイト「ラジオデイズ」代表。立教大学客員教授。文筆家。早稲田大学理工学部機械工学科卒業後、翻訳を主業務とするアーバン・トランスレーションを設立。99年シリコンバレーのBusiness Cafe Inc.の設立に参加。著書に『移行期的混乱』（ちくま文庫）、『俺に似たひと』（朝日文庫）、『小商いのすすめ』『「消費」をやめる』（共にミシマ社）、『路地裏の資本主義』（角川SSC新書）、『復路の哲学』（夜間飛行）、『「あまのじゃく」に考える』（三笠書房）、『一回半ひねりの働き方』（角川新書）、『何かのためではない、特別なこと』（平凡社）、『言葉が鍛えられる場所』（大和書房）、『グローバリズムという病』『喪失の戦後史』（共に東洋経済新報社）などがある。

時の遠近法と、昭和天皇崩御

平成の30年間について、記憶を遡りながら書いてみたいと思う。もっとも、最近は物忘れが激しくてどこまで正確に記憶を辿れるのか自信がない。しかし、不思議なもので、直近のことは忘れても、昔のことは案外明瞭に覚えていたりする。時間の遠近法の中の風景は、近くのものはぼやけているが遠くははっきりしている遠視のそれに似ている。

過去を振り返るといっても、自分の人生を総括しようという意図があるわけではない。個人的には、大きな達成感も、後悔もない。むしろ、淡々と過ぎ去った30年だという思いがある。ただ、30年という時間は、人の生涯にとってはかなり長い時間であり、それが、自分にとって40歳から70歳までの人生のもっとも脂の乗った時期であったことを思えば、そこに大きな内面の変化や、危機も含まれていたはずである。

淡々と過ぎ去ったという印象に反して、わたしの生活は驚くほど大きく変化した。30年前は翻訳会社の社長として、渋谷のオフィスで多忙な日々を送っていたが、今は路地裏の喫茶店の店主であり、しがない物書きとしての日々である。特段、自分が変わったとは思えない。わたしは、同じように思考し、同じように働き、同じように浪費し、同じように生活してきたつもりだが、自分を取り巻く環境は驚くほど変化している。

何も変わらなかったようで、大きな変化があった。変わったのがわたしでないとすれば、何が変わったのだろうか。

1989年の1月7日、昭和天皇崩御の報。

とても不思議の感に打たれるのだが、わたしにとってはこの出来事が30年も昔のことには思えない。つい数週間前の出来事のように思えてしまうのである。時間の遠近感とは、まことに不可解なもので、こちらが歳をとればとるほどに、昔のことが鮮明に蘇ってくるのだ。自分が生まれる前の30年ということになれば、それはもはや書物の中にしかない、遠い昔の出来事のように思えてしまう。

1950年にわたしは生まれた。敗戦からわずかに5年である。もし、この時、わたしが今の年齢だったとするならば、過ぎ去った30年をどのように回想しただろうか。わたしが生まれる30年前は大正時代で、日本にプロ野球が始まった年だった。第一次大戦後の好景気が終わり、一転して恐慌の時代へと突入して行く時期でもあった。この間、日本全体としては経済的な苦境が続いたが、都市部には中間層が生まれ、大正デモクラシーの風が吹いていた。関東大震災を経て、短い大正時代が終わり、昭和に入ると世界的な恐慌となり、日本の軍部は中国大陸に軍事的覇権を拡大。デモクラシーの風は徐々にファシズムの風へと風向きを変えていった。その後に起きたことは惨憺たる光景である。真珠湾攻撃から広島、長崎の原爆に至る戦争。それらは全てわたしが生まれる前の話だが、わずか30年の間に日本は信じられないほどの変化の中にあったのだ。

わたしが生まれる前の30年がまさに、激動の時代だとすれば、平成の30年は、その字のごとくあまり際立ったことが起きなかった30年だったように見える。

いや、そうではあるまい。

「平成」という元号を冠された30年の間、確かに日本は直接的には戦禍に塗《まみ》れることもなく、閣僚の暗殺やクーデター事件のような目だったことは起きなかった。阪神淡路大震災や東日本大震災という大きな天変地異があり、原発事故があり、リーマン・ショックのような経済事案もあったのだから、平安とは言いがたいかも知れないが、ともかくも戦争という不条理を免れることはできたのだ。それでも、日本という国家は大きな変貌を遂げた。

おそらくは、日本人の価値観や倫理観という目に見えないものの変化があったはずだ。日本人の集合的な無意識（あまり適切な用語ではないが、とりあえずこう言っておく）は、激動の戦間期以上に大きく変化したのである。表層は変わらなくとも、内部は変化するということがある。

それは、緩慢な変化だったが、見逃すことのできない変化であった。

その内部的な変化がどのようにして、この30年間で進行していったのか。それを一言で言うことは難しい（何しろ緩慢な変化だから）。

それを、文明史的変化といっても良いかも知れない。その結果の一つが、２０１０年から始まった総人口の減少であった。

以下、個人的な体験もふまえて、わたしたちの国の内部の変化について振り返ってみたいと思う。

今から30年前、昭和天皇が崩御して、平成の時代が始まった。天皇崩御の知らせは、日本という国家にとっては、大きな節目であったが、わたしにとっては普段のどうということもない通過点でしかなかった。

戦後生まれのわたしの世代にとって、昭和天皇に対して特段の強い思い入れはなかったというのが正直な気持ちである。もちろん、歴史について考える時に、天皇の戦争責任論や、憲法における象徴天皇の意味合いなどについて、関心がなかったわけではない。ただ、個人的には天皇がわたしの精神に特別の意味を持って存在していたわけではない。「天皇陛下万歳」も、「畏れ多くも畏くも」といった言葉に象徴される天皇に対する特別な感情を共有している世代ではない。その意味では昭和天皇の存在は、わたしにとっては生きながら、歴史的な存在であり、それ以上でも以下でもなかったのだと思う。

むしろその後に続いて起きた世界的な出来事、つまり天安門事件、ベルリンの壁崩壊の方が、わたしにとっては大きな出来事であり、世界史的にも大転換を象徴する出来事であった。まさか、自分の生存中に東西ドイツが統一されるなどとは思ってもみなかったし、ソ連が崩壊することはそれ以上に考えられないことだったのだ。

ヨーロッパに起きた歴史的な変化は、わたしに、世界は時にとんでもない変化にさらされることがあることを教え、「現代」の体制というものが、思ったほど盤石なものではないことを思い知らされた出来事だった。

今思えば、天皇の崩御は、91年のソ連崩壊までの、一連の文明史的大転換の予兆を告げる出来事だったのかもしれない。つまり、戦後半世紀を経て、世界の戦後体制というものの賞味期限が終わろうとしていたのである。歴史における賞味期限というものは、終わってみないとそれがいつなのかはわからないものなのだ。

この日を境に、テレビの番組は一斉に、服喪のプログラムに変更された。お笑い番組は自粛され、アナウンサーは黒服、黒ネクタイでニュースを読み上げていた。いや、その時日本各地で起きた出来事は後景に沈み、ひたすら天皇を懐かしむ番組が続いていた。

1989年2月24日、大喪の礼が執り行われ、テレビ番組はどのチャンネルもこの様子を実況していた。

昭和天皇崩御の翌日25日、わたしはいつものように池上線沿線の雪が谷大塚駅前にある空手道場で、空手の稽古をしていた。当時のわたしは、松濤館の五段になっており、道場の事務局長および指導員として、週2回ほどは道場に通っていた。

不謹慎な話だが、この時期、稽古が終わると、稽古場は麻雀道場に変わっていた。間借りしていた町道場の経営者の奥さんが麻雀好きで、わたしもメンバーの一人として召集され、毎週土曜日の夜は、夜更けまで卓を囲むことになっていた。

しかし、この日は自粛しようということになった。なんということのない、市井の片隅の町道場にも、自粛という空気が流れ込んでいたのである。

一億総自粛の国

しばらくの間、テレビ番組は自粛一本槍になった。

TV局5局は、申し合わせをして一切のコマーシャルを2日間中止する。歌番組、ドラマ、クイズ番組は姿を消した。わたしは、この突然の変化に違和感を覚えずにはいられなかった。前年のプロ野球ペナントレースでは中日が優勝したが、その祝勝会でいつもやっていたビールかけも中止、祝勝パレードも当然のように中止になった。

わたしたちは、歌を忘れた国民になった。

多くの人々は、自分の親類縁者が亡くなったときでさえ、葬儀場を離れれば普段の生活に戻り、お笑い番組に興じ、週末のレジャーを楽しむはずだ。だが、この時は、そうした普段の生活を続けることが何となく憚られる雰囲気が国中に充満していた。まあ、それでも、テレビでいつもの番組が見られないというので、レンタルビデオ屋が大繁盛しているというニュースも流れてきた。

これは、不思議な印象をわたしに与えた。

日本人は、それほど切実な問題ではなくとも、それが国民的な出来事であると喧伝されれば、唯々諾々と右へならえの行動をする付和雷同傾向の強い国民である。

しかし、同時に同じ日本人が、退屈しのぎのためにレンタルビデオ屋に列を作るのである。

これをどのように解釈すればよいのか。

この一見矛盾した行動こそが、戦後の日本人の、いや戦前から続く日本人の大きな特徴なのではないのか。

自己主張しない、右へならえという処世術で生きているだけが日本人の特徴なのでもないし、欲望充足のためなら倫理も道徳感もやり過ごすアナーキーな消費者が日本人なのでもない。

そのどちらも、同時に持っているというのが、日本人的な生き方をよくあらわしている。ただ、歴史上何度か、無批判に大衆迎合する場面があり、一旦こうした動きが始まれば、もはやそれを止めるのは難しくなるのも事実である。ただ、これは日本だけに限った話ではない。ファシズムが台頭してきた時のイタリアも、ヒトラーのドイツも同じである。ただ、そのことを反省し、同じような動きが起きないように反省できるかどうかが問題なのだろう。

人が死に、喪に服するということはもちろん悪いことではない。人類史上、服喪の儀礼を持たぬ部族も、共同体も、国家も存在していない。服喪の儀礼は、人間が人間であるための最も基本的な要件のひとつであるとさえ言える。ただ、そこには死者と弔うものの距離によって濃淡がある。強い繋がりがあった親や兄弟の死にはそれだけ深い弔いの気持ちが伴うのは当然のことである。自分とはあまり縁のない、例えば会社のお付き合いの範囲であれば、かたちだけ喪に服する。だから、儀礼なのである。

昭和天皇は、戦後を生きてきた人々にとって、どれほど身近で、切実な存在だったのだろうか。テレビメディアが一律に服喪の一週間を過ごすほどのことなのか。

この間、下世話なお笑い番組を放送したり、競馬や競輪に興じたり、ハワイ旅行を楽しんだりすることは、真っ赤なスポーツカーで葬式の場に出向くような不謹慎なことのように思えた。日本という国家の象徴である天皇陛下の崩御に対して、その国民がこぞって喪に服すことは悪いことではないが、わたしは一億総服喪の形式に違和感を持った。

その違和感の寄って来たるところは、日本人全員が服喪の礼に従ったということではない。多くの日本人が、ただ形式だけ服喪の礼に従っていたけれど、それが形式だけに過ぎないということに違和感を覚えたのである。上辺だけは一斉に動くが、内面の欲望は別のところにある。この上辺だけの右へならえの風潮には、危険なものが伴っていると感じざるを得なかった。

もし、これが、服喪の儀礼ではなく、個人崇拝や、戦争への熱狂だったとしても、一度こうした空気が作られたら、誰も水を差すことはできなくなるかもしれない。天皇陛下に対する思想的な位置づけや、国民感情というものとは別に、一旦出来上がった空気には、誰もおおっぴらに逆らうことができないし、そうしようとも思わない。そういう危うさを感じる空気は、この時確かにあったと思う。

わたしには、日本人は、一人の個人として自立した存在であることを望んでいないかのように思えたのかもしれない。自立した個人の責任において、判断し行動することをしようとするよりは、ただ、周囲の空気を見て行動しているだけなのではないのか。

東日本大震災と原発事故と父親の死と

一億総右へならえの風潮は、オリンピックのような大掛かりな行事や、大災害のときにはさらに顕著になる。

2011年3月11日。この日、東日本に巨大な地震が発生し、それに伴って波高10メートル以上の津波が発生した。この津波により、東北地方と関東地方太平洋沿岸部は壊滅的な被害を被った。そのエリアには福島第一原子力発電所があり、発電所を安全に運行するための全電源が喪失するという大きな事故に繋がっていった。地震・津波という天災と、原発事故が重なったわけである。

この時、わたしは父親の介護の真っ最中で、その数日前に発作を起こした父親は友人が副院長をしていた国立国際医療センターに入院中だった。個人的には、この先どうなるのか非常に不安定な精神状況だったが、そこに震災が重なった。

わたしは、この日、ツイッターにこんなことを書いている。


秋葉原リナックスカフェです。ボロビル無事。デスクは崩れた書類が散乱。弟一家が心配。

（2011年3月11日）


これが、わたしの最初のツイート。弟一家は、東京を離れて仙台のマンションに暮らしていた。まず最初に頭をよぎったのは、彼らは無事なのだろうかということだった。

東京では、その日は電車が止まり、わたしは帰宅が同方向の社員を自分の車に乗せて送ることにした。


秋葉原から自宅まで、途中社員を下ろしてやっとこさ到着。八時間のドライブでした。案の定、自室に筆記用具、本が散乱。被災者の労苦いくばくか。弟は大丈夫だろうか、長野の友人たちはどうしているのか。連絡がとれないのが歯がゆい。とにかく、今は横になりたい。

（2011年3月12日）

弟一家となかなか連絡がつかず、心配だった。間も無く、ネット情報によって無事が確認できた。確か、伝言板に無事を伝える書き込みがあったと記憶しているのだが、詳細は忘れてしまった。ただ、電話網が寸断されているときに、ネットの威力がいかんなく発揮されたことだけは確かだった。

テレビが伝える映像。夜が明けて、あらためて天変地異の激しさを見せ付けられる。見ているだけでも、ちょっと途方に暮れる思い。さしあたり、身の回りのできることを助け合いながら。

（２０１１年３月12日）

津波による福島原発の全電源喪失のことを知ったのは、それから間も無くしてからだった。原発で、何かとんでもないことが起きている。これから、どうなるのだろうか。

原発が深刻なダメージになっているようだが、現在の現場の指揮系統トップおよびアドバイスを与えている専門家（グループなのか？）の顔が見えるようにしてすべきだろう。広報担当官ではだめだ。学者の解説よりも、現場に関与している責任ある関係者による、現状の正しい状況報告が必要だ。

（２０１１年３月13日）

ツイッターでは、この事故の影響がどの程度まで広がるのか、メルトダウンは起きるのか、放射能による被害がどの規模まで広がるのか、安全な場所に疎開すべきなのかといった議論が噴出し、テレビでは連日現地の様子が映し出されていた。当時、官房長官だった枝野幸男は連日記者会見を開いて、現場の状況と政府の見解を伝えていた。枝野は、日を追うごとに疲労の色を濃くしている様子で、官邸の混乱ぶりが画面からも伝わってきた。

ツイッターでは東京まで、放射能の被害が及ぶかもしれないと呟かれ、「東京から避難すべきだ」「いや、俺は逃げない」といった意見が交錯した。「俺は逃げない」などという覚悟は、今から思い返せばやや大げさな反応だが、当時はわたしも、そんな気持ちであった。いや、父親の介護という問題をかかえていたわたしは、逃げたくとも逃げられなかった。

多くの人々は動転し、ヒステリックな意見と、冷静を装う意見が対立し、毎日のように専門家と称する人間がテレビでこれから起きること、起きないことなどを解説していた。

わたしは、父親の介護で、地震の前も、原発事故の後も、自分自身の生活を律していくのに精一杯の日々を過ごしていた。

仮眠を取って、病院へ父親を見舞いに行こうと思う。昨晩は行けなかったが、あそこは安全だろう。心理的なショックは大きかっただろうけど。

（2011年3月12日）

テレビでは、福島原発事故の続報が続いていた。状況は、良くなるどころか、日増しに悪化している様子だった。

疲れ切ったような枝野官房長官の様子を見て、ツイッターには「枝野、眠れ」というコールが連鎖した。確かに、枝野官房長官はほとんど睡眠をとっていない様子だった。

そうした様子を見ていて、このままいけば、かつて映画で観た「チャイナ・シンドローム」のようなことが起きてしまうのではないかと不安であった。「チャイナ・シンドローム」とは、米国の原子炉がメルトスルーを起こしたら、高温の核燃料が溶けて地中にのめりこみ、地球の裏側にある中国にまで突き抜けて達する事態になるという現象のことを言う。実際には、起こり得ないことだが、炉心溶融が何をもたらすのか、はっきりしたことは誰にもわからなかったし、それは今でも同じである。そして、福島第一原発は、炉心溶融に向かっており、誰もそれを止めることはできない状態であることが伝えられていた。

同じ時期に、わたしは友人たちとミュージシャンの大瀧詠一さんを囲む座談を行った。大瀧さんは山形の出身であり、知人も津波に巻き込まれていた。その座談の中で、原発の危険性に関して発言している学者、文化人のことが話題になった。大瀧さんは、原発のことに関して、この事故以前から関心を抱いていたようであった。そして、こんなことを言った。

「今回の原発事故後に、急に原発反対を唱えている人間をぼくは信じていない」

わたしは、ハッとしたと思う。そして、ここに一人の時流に「流されない」個人の風貌を感じ取ったのだと思う。

父親の介護の方も、急を告げていた。看護婦長から、在宅介護に切り替えて、自宅でリハビリをしたらどうかと、強い要請を受けたのである。病院は介護施設ではないので、緊急を要する手当が終了すれば、出て行かなくてはならない。しかし、自宅介護をするためには、胃ろうの造営が必要であると伝えられた。胃ろうとは、腹部に穴をあけて、チューブを通し、栄養物を直接胃に送り込めるようにする装置のことである。

父親は、もはや自分の口でものを食べる力を失い、仮にそれができたとしても誤嚥する可能性が高くなっているために、胃に穴を開けて、そこから食料を投与しなければならなかった。胃ろうなら、仮に自宅介護になったとしても、カプセルのような栄養剤をワンショットで胃に送り込むことが可能になる。

しかし、自分の口で食べることができなくなって生きていくことは辛いことだろう。胃ろうは、患者にとってどんな意味があるのか。それはどうしても必要な手術なのか。

わたしは、胃ろうを勧めるべきなのか、判断がつかなかった。

それでも、医師から胃ろう手術をしたのちに、自分の口からも食べられるまで回復する患者もいるということを聞き、わたしは手術を受け入れ、父親にもそれを説得した。

せん妄状態が続いていた父親はわたしの説得を理解したのかどうかも、はっきりとはわからなかった。

父親にとって、頼れるのはわたしだけであった。

今夜も、仕事後に病院へ。だいぶへばっているようで、もう家に帰してくれよと泣かれた。今週末胃ろうの手術だが、精神的には限界にきているようだ。先週家に届いた消防活動の感謝状を読んで聞かせた。そのときだけ少し平安な顔にもどった。

（2011年3月28日）

しかし、最初の胃ろう手術はうまくいかなかった。痩せて、変形した父親の身体は、胃の位置まで変化させており、腹壁を切開したもののうまい具合に胃にカテーテルを差し込むことができないということだった。これが医学的にどういうことを意味しているのかよくわからなかったが、とにかく手術がうまくいかなかったことだけはわかった。

手術の翌日、病院へ見舞いに行くと、父親は腹のあたりに包帯を巻かれた状態で横たわっていた。包帯ににじみ出た血が痛々しかった。

日本という国も、わたしも、なんだかどん詰まりの隘路に迷い込んだ状態であった。わたしにとって、このときはちょっとした危機であった。

危機というのは、自分の力だけでは突破することができないということである。

結局、それから2ヶ月後に、父親はあっけなく旅立った。

その日は会社の庭でタバコを吸っているときに、携帯がなり、危篤状態になっているのですぐに病院へ来るように連絡を受けたのだった。

それまで、できる限り父親の傍に寄り添って介護をしてきたのだが、結局父親の死に目に会うことはできなかった。

車を飛ばして、病院に到着し、病室に入ると、父親はすでに息絶えて眠っていた。

平成の30年間を振り返って、最も印象に残っているのは、この父親の介護と福島の原発事故が重なって降りかかり、自分でどうすることもできずに、右往左往したことだった。

長く生きていると、こんなこともある。

激流のように予測不能の出来事を前にして、一人の個人として、わたしはどのような態度をとりうるのか。わたしは、漠然とこんなことを考えていたと思う。

消費者の時代

さて、ここまで、極めて個人的な体験と、日本という国が遭遇した出来事について記してきた。

個人的にも、社会的にも、大きな危機的な状況を潜り抜けてきたという印象があるが、30年という時間の幅を考えれば、そうしたことは、どんな時代であれ、誰もが経験することでもあるだろう。

もし、平成の30年というものが、他の時代とことさらに違うものであったとすれば、それは何だったのだろうと考えてみる。

この文章の最初のところで、わたしは「日本人の集合的無意識」の変化について触れている。この、ややこなれの悪い言葉でわたしが表現したかったことを、まとめの意味でも少し詳しくご説明したいと思う。

平成が始まったのは、1989年。

日本の戦後の経済史を通覧してみると、戦後の10年の混乱期を経て、1956年から1973年までの高度成長期、1974年から1990年までの相対安定期、1991年以後リーマン・ショックまでの停滞期に分けることができる。それぞれの期間の、平均経済成長率は9・1%、3・8%、1・1%と三段階で下降している。

前年比経済成長率が下降することは、必ずしも景気が鈍化することを意味しているわけではない。もともとの経済規模が小さかった高度成長期は、少しの伸びでも成長率は高くなるし、すでにGDPが大きくなっていて、伸び代が少なくなれば成長率はそれほど高くならないのは道理である。だから、この三段階の経済成長率の下降は、日本経済の凋落を示しているのではなく、むしろ逆に発展段階を示していると言っても良いだろう。

この中で、注目すべきは、すでに高度経済成長を達成したわが国が、その後も4%近い成

長率を16年の長きにわたって継続し得たことである。（相対安定期）

この間に、日本のＧＤＰはアメリカに次いで世界第2位にまで押し上げられ、日本経済はジャパン・アズ・ナンバーワンと称えられるまでに成長したのである。ラストの10年はバブルであった。そのバブルがはじけた後で起きた出来事については、ここに触れるまでもない。潰れないと言われていた銀行が倒産し、証券会社が廃業し、老舗企業による食品偽装や、違法建築などの企業不祥事が続くことになった。

16年続いた相対安定期に日本に起きた象徴的な出来事について、拙著『移行期的混乱』で触れたことがある。

一つ目は、週休2日制の実施である。これにより、多くの日本人の意識は、労働から消費へと移行した。つまり、「働くことが生きることと同義だった」（小関智弘氏の言葉）日本人は、高度経済成長期に働きずくめに働き、一定の恒産を得て、余暇をどのように過ごすかを考える余裕を持つことができた。週休2日制は、単に1週間に休日が1日増えたというに止まらない変化を日本人にもたらした。週5日は労働のための日だが、残りの2日は消費のための日になったのである。多くの日本人は、豊かな余暇を過ごすために、働くようになった。働くことが生きることと直結していた時代とは明らかに異なった労働観が生まれていた。

二つ目は、実際の働き方の変化である。労働者派遣法の改正によって、終身雇用の慣習が崩れ、人は自由な働き方ができるようになった。もちろん、これは肯定的な面だけではない。

この労働形態の選択肢は労働者というよりは、企業の方に有利に働いた。派遣社員の大量雇入れにより、それまでは固定費だった人件費を、変動費にすることが可能になった。つまり、景気の動向を見ながら、裁量で人件費の調整が可能になったのである。

多くの労働者がこの派遣法の改正を受け入れた背景には、働きたいときに働き、休みたいときに休む自由さを求める風潮があったと言われている。多少給与が下がっても、自由な勤務形態を選ぶ若者が増えたと言うのは本当なのだろうか。96年に発足した民間の審議会規制緩和委員会（後に総合規制改革会議と改名）は、その第二次答申の中で、「雇用・労働」について、「パートタイム労働や派遣労働などを自発的に選択する個人も増えている。こうした新しいタイプの労働者像に対しては、従来型の規制は必ずしも適切であるとは言えず、個人がその個性と能力に応じた働き方ができるようにしていくことが重要である」と記している。

この時の審議会委員には、人材派遣会社の社長や、ゴールドマン・サックス証券会社の経営管理室長などが名前を連ねており、労働者自身が「新しい働き方」を求めたとの言い分は、幾分差し引いて考えなければならない。しかし、彼らにこう言わしめる空気がなかったとは言えないだろうとわたしは思っている。なぜなら、わたしもまた、当時翻訳会社を経営しており、翻訳者やタイピストなどの「自由な」働き方が、憧れの働き方であると考えている若者が増えていることを実感していたからである。

ただ、今考えてみれば、これほど露骨な企業寄りの政策はなかった。その一番の理由は、すでに述べたように、それまでは固定費として計上されていた人件費を、電気代や交際費などと同様の、変動費にすることができることであった。景気の良し悪しによって、人件費を調整することが可能になったのである。自由な働き方を求めた若者は、その後、正規労働者との賃金格差に苦しめられるようになるとは想像していなかったのかもしれない。

さて、三つ目の大きな変化は、コンビニエンスストアという24時間営業の店舗が日本全国に広がったことが挙げられる。昼は労働の時間で、夜は休息と就寝の時間であるという生活が、コンビニエンスストアの出現によって変化した。夜間でも、腹が減れば食料にありつくことができるようになったのだ。

これら三つの変化は、新たな階級としての「消費者」を大量に生み出した。ここで言う「消費者」とは単に市場における消費行動をするもののことではない。金さえあれば、誰からも命令されることなく自由に働き、自由に生活し、自由に余暇を楽しむことができることを内面化したものの謂である。

「消費者」は、これまでの古い慣習や、しがらみから自分を解き放つことが可能な存在であった。一人の時間を大切にし、誰からもその行動を干渉されず、好きなときに好きなものを自由に所有することができる。

消費者が持った解放感は、日本の歴史上稀有のものだったように思える。

金の力が、個人を解放するという幻想を多くの日本人が共有したのである。ただし、金さえあればの話である。

そのことは、お金の万能性をさらに高める結果になったとも言えるだろう。「消費者」こそが自由と平等の享受者であるならば、お金こそがそれらを手に入れる鍵だからである。

もともと、自由も平等も旧体制転覆の熾烈な市民革命を経て人々が獲得したものであり、その結果として「個人」という強固な概念が生まれてきたという歴史的事実がある。

差別撤廃の運動や、公民権運動を経て、旧来の階級秩序を維持するための倫理や規範は、個人に由来する自由、平等、人権という普遍的な価値に置き換えられることになった。

一方、革命を経ない日本では、長い間、「イエ」が社会の最小単位であり「イエ」を存続させるための封建的な秩序が支配的であり、女性もまた「イエ」の存続のための重要な役割を担わされることを余儀なくされてきた。長子相続、長幼序列、婚姻の慣習とそれらを包摂する共同体の掟が社会全体を貫いて一つの秩序を形成しており、個人の自由という概念は生まれようもなかったと言えるだろう。

考えてみれば、「消費者」は、革命を経なかった日本人が初めて手にした「個人」であったとも言えるのかもしれない。ここでも、但し書きがつく。但し、金さえあれば。

平成が始まった１９８９年は、これらの但し書きつきの「個人」が完成された時期でもあったと言えるだろう。

以後の日本は、「消費者」主権とも言える価値観が社会の中心的趨勢を占めるまでの流れであった。

昭和天皇崩御のときの、日本総右へならえと、ビデオ屋での待ち行列という二つの相矛盾する行動は、「イエ」の価値観と「消費者」の価値観が交錯した風景でもあったのだ。

個人主義は、一人一人の人間には、他の何ものにも代えがたい価値があることを謳う思想であり、個人の権利と自由は、国家や共同体から束縛されたり、毀損されたりすべきでない最優先のものであると考える。

市民革命を経て、勝ち取られた個人主義の思想は、人権を普遍的な価値であるとみなしている。その意味では、個人主義は本質的には、あらゆる集団主義、権威主義を排除しようとする。

わたしもまた、個人主義者でありたいと思う。

しかし、問題がないわけではない。

奇矯に響くかもしれないが、日本人が獲得した個人の観念は、金で買ったものであり、金がなければ、その個人とは社会によって淘汰され、そのフルメンバーから除外される危険性もあったのだ。

自己利益の追求を絶対視する利己主義や、自分本位主義、自助と自己責任を振りかざす思想が生まれてくる土壌は、この金がらみの個人主義が醸成したものではなかったか。

市場原理という信憑

「消費者」（括弧つきの消費者）の信仰の対象は、「市場」である。いや、別に信仰などという言葉で語る性質のものではないという反論があるかもしれない。

しかし、「消費者」は市場の中でしか生きていけない存在である。市場を離れた瞬間に、「消費者」が手にしたと信じた、学歴・血縁・地域共同体のしがらみからの自由も、主体的な購買行動も、誰からも阻害されない権利も、瞬く間に消失し、また元のしがらみの世界に戻されてしまうからである。都市生活者が、落魄《らくはく》して生まれ故郷の田舎に戻るということは、自由の世界から、しがらみの世界へ戻ることを意味していた。今でも、多くの地方出身の若者が、東京で暮らせなくなって地元に戻るときに、そうした敗北感を抱くことは想像に難くない。わたしは、東京暮らしを諦めた何人かの若者にインタビューしたことがある。皆、一様に地元に戻りたくはないが、東京ではもうこれ以上暮らしていけないと言った。そして、自分たちは負けたのだという意識があることも吐露していた。

「消費者」が「消費者」としての個人を全うするためには、世界そのものを「市場化」しなくてはならない。たとえそれが弱肉強食の競争社会であろうと、血縁や育ちや、しがらみが支配する旧体制よりはフェアーであり、平等なチャンスもあると言うことである。

これこそが、90年代からミレニアムにかけてのバブル崩壊後に、日本全体を覆った濃密な空気であったとわたしは思う。

自己責任論を声高に唱えるのは、全人格的な「個人」ではなく、市場競争の中に投げ込まれている「消費者」である。「消費者」が「消費者」であるためには、しがらみからの自由を確保するための活発な市場が存続していなければならず、他の「消費者」に救済の手を差し伸べることは、市場の活発さを損ねることとして嫌気される行為である。市場は、弱肉強食の原理を損ねれば、不透明なものになってしまう。

もちろんわたしは同意しないが、そうした意見に全く理がないわけではない。

市の発生が、共同体というセーフティーネットから落ちこぼれた人々や、共同体の法を犯したり、共同体のルールを超越する霊能者や、芸能者、異邦人たちが作り上げた辺境の逃れの町であったというのは、網野善彦の胸のすく仮説だった。そこは、共同体の掟や法権力が及ばないが故に、無縁の者たちが生きて行ける空間であった。そして、この無縁の市で、人と人をつないでいるものは、唯一お金という無色透明な交換物であった。

そのフルメンバーがお互いの生存を支え合う共同体を国民国家と言い換えてもいいかもしれない。戦後間もない間の、高度経済成長期は、日本が国民国家としてかりそめにも、西欧列強に肩を並べるまでの時間であった。

しかし、この国民国家には、本当の意味でネーション（国民）が存在していたのかと問うてみたい。国民国家の構成員である独立した個人同士が、生き延びていくために他者から暴力的に奪い取る暴力や、金で全てを服従させるという金力や、他者を抑圧する権力の行使については、これを国家に譲渡することでしか、国民国家というものは成立しないだろう。他者とともに生きるために、自らの欲望と能力の一部を国家に譲渡することを自覚する成熟した市民が、国民国家には必要なのだ。

相対安定期に大量に出現した「消費者」個人を見てみると、国家（お上）の規制からどれだけ上手に逃れるかを知ることが合理的選択だと考えているとしか思えないところがある。そして、グローバル企業もまた、国民国家の枠組みをはみ出して利益を追求する集団である。この両者は、ともに国民国家の規制が邪魔なのである。

「消費者」とは、最も金銭合理的に行動するものの謂いである。金銭合理的であるということは、最低の労力で最大の効果を得ることに違いない。

納税も、貧困者への支援も自ら進み出て行うというよりは、「お上」の命令には逆らえないのでそうしているだけではないのか。

それでも時代は「消費者」を、主権者の地位にまで祭り上げた。

企業も、広告代理店も、大学や病院や政治セクターまでもが「消費者」に満足を与えることが喫緊の課題であると考えていたからだ。生産者、サービス提供側のカスタマーサティスファクション（顧客満足度）の合言葉は、「消費者」が、自らを主権者であると錯覚する空気を醸成し続けたのだ。

言うまでもなく国民国家では、国民たる「個人」が主権者である。「個人」は様々な価値の尺度を持って生活している。様々な「個人」の持つ様々な価値観を認めるところから、国民国家は動き出したはずである。それこそが、今日流行語にもなったダイバーシティ（多様性）というものだろう。

ところが「消費者」主権国家では、価値の尺度は金銭合理性に一元化される。「消費者」の合理的選択とは、「最小のコストで最大のベネフィット」が得られる機会を選択するということである。

役所や病院や学校や電気・ガス・水道に至るまで、「消費者」は、合理的選択肢を要求することになるだろう。

「最小のコストで最大のベネフィット」の要求に応えるために、コストを最小化し、利益の望めない部門は廃止するか、縮小する他はなくなる。

しかし、医療、教育、政治は社会共通の制度資本であり、本来的には金銭合理性とは別の尺度でその価値を計量されるべきものである。たとえ不採算部門であっても、社会のフルメンバーが恩恵を享受できる機会を無くすわけにはいかない。そうでなければ、全ての社会のメンバーに対して基本的人権を保障することができない。

90年代以降の市場原理主義的な動向の中においては、そういった制度資本に、金銭合理性という尺度が持ち込まれ、それを最も合理的に運営できるのは民間企業に他ならないと言う考え方が支配的になっていった。その結果、公的部門が民営化され、不採算部門は切り捨てられた。それまで利用可能だった電車が廃線になったり、村から医療機関や郵便局がなくなるという事態が発生したのである。

世の中で、金銭合理性の最たるものは株式会社であろう。なぜなら、株式会社は株主利益の最大化をほとんど唯一の目的として組織されたものだからである。株主にとっては、公共部門の存廃を憂うことよりは、投資先が短期的な利益を積み上げることの方が重大な関心事であることは言うまでもない。

かくして、大学に株式会社から教員が派遣され、役所が採算の取れない事業への補助金をカットし、経済効果が見込めるような事業となれば、産官一体となってのめり込んでいく光景が見られることになった。

そして人口減少へ

２００９年以後、日本の総人口は減少に転じた。その直接の原因については、わたしは他のところで何度か発表してきたので、詳述は避ける。

簡単にまとめれば、結婚年齢が上昇したことがその原因であり、女性が子どもを産まなくなったというのは木を見て森を見ない議論であるということだ。

30歳以上の既婚者に関しての統計では、出生率の低下は見られない。

23歳から30歳までの多産期に、日本人は結婚して家庭に縛られるという選択をしなくなったのである。

なぜそうなったのかの理由は一言では言えないが、それが経済的な理由だけではないことだけは確かである。街頭でインタビューすれば、多くの女性が経済的な理由を挙げることになるかもしれないが、相対的には人口増大局面にあった戦後まもなくの時代に比べれば、よほど今の方が経済的余裕がある。

総人口の減少という現象は、5年や10年の短期間での経済動向から判断してはならないと言うことである。

人口動態というものは、株価や就業率など短期的に上昇や下降を繰り返す動きではなく、長期的に一方方向へ進んでいくものだからである。日本は、有史以来今日に至るまでほぼ一方的に人口増加の一途をたどり、２００９年からは一転して下降状態に入ったのである。

大げさな言い方かもしれないが、有史以来の変化が起きているのが今なのだ。

景気や、失業率、株価といった短期間で上昇や下降を繰り返す経済事象と、家族構成や寿命や、結婚年齢などのように緩慢だが長期的に一方向へと変化する社会事象を区別して考える必要がある。

人口動態もまた、後者に属する事象で、長期にわたって増加の一途をたどってきた。これが、減少へと反転したとするならば、その要因は、短期的な経済事象の中にあるのではなく、長期的に変化してきた社会的事象の中に求められるべきだろう。

高度経済成長が始まった時代から、今日までに結婚の平均年齢はおよそ7歳ほど上昇している。この結婚年齢の上昇こそが、戦後から引き続き、平成の30年間に起きた、最も注目すべき変化であるとわたしは考えている。

そして、この7歳の結婚年齢上昇が、人口動態を上昇から下降へと反転させることになる直接的な原因であることは明らかだろう。

昭和初期、23歳が女性の初婚年齢だったが現在では30歳になっている。この23歳から30歳のゾーンの女性の出生率が極端に低下するのは当然である。すでに述べたように30歳以上の既婚者における出生率は、ほとんど横ばいか、微増しているのである。

そこで、最終的な問いは、なぜ、結婚年齢が上昇したのかということになるだろう。わたしは、このことと「消費者」の出現には、強い相関があるのではないかと思っている。

もちろん、そこには明白なエビデンスは存在しない。

しかし、「消費者」が、これまで述べてきたように自由を求める「個人」であるとするならば、彼ら、彼女らが、不自由の共同体であったイエから逃走したとしても、不思議ではない。その結果、伝統的な家族システムが崩壊し、結婚年齢が上昇し、その帰結として少子化が進行しているとは考えられないだろうか。

もし、わたしの推論が正しければ、少子化は何か経済の不調や、社会のアンバランスによって生じていることではなく、社会の進歩によって消費化が進んだことの結果だと言うことになるだろう。

社会の進歩とは、しかし、技術革新がもたらした経済的な進歩に過ぎないのかもしれない。わたしたちは、自分たちが思っているほどには、市民的成熟を遂げたわけではないだろう。ましてて、社会の進歩が生み出した「個人」が、単に経済成長の結果として生まれてきた「消費者」に過ぎないのであるとするならば、人口減少も、社会の株式会社化も、経済的進歩のパラドックスというべきものなのかもしれない。

社会の消費化によってもたらされた自由を推し進めていった結果、人々は共同体を壊し、孤立化し、無縁化していった。

このパラドックスのほつれを解く鍵は、わたしたちが金で買った「個人」から、本当の意味での「個人」へと脱皮し、経済合理性という物差しとは別の物差しを手にする以外にはないように思える。

わたしは、派遣法改正の時に、企業側から「パートタイム労働や派遣労働などを自発的に選択する個人も増えている」「個人がその個性と能力に応じた働き方ができるようにしていくことが重要である」と喧伝され、その流れに乗って、労働者が正規社員の道から逃走した光景を思い出す。「個性と能力に応じた働き方」とは、企業によって作られた使い勝手の良い労働者像に過ぎないことにどれだけの労働者が気づいていただろう。その結果が、今日労働者の首を絞めることになった非正規労働者の低賃金である。

平成の時代に、一億総中流であると自覚した日本人の多くは、「消費者」こそが主権者であると時代に持ち上げられ、「消費者」こそが自由な「個人」であると消費生活を謳歌した。これから先、自ら進んで孤立化し、自己責任論を振りかざす「消費者」というものが、実は大企業や、為政者によって作り出された使い勝手の良い「顧客」であるに過ぎないことに気がつくことがあるのだろうか。それには、この国に「消費者」個人主義が出来上がったのと同じほどの、長い時間が必要であることだけは確からしく思える。

個人から「群れ」へと進化した日本人

小田嶋隆

小田嶋隆（おだじま・たかし）
1956年、東京都生まれ。早稲田大学卒業後、食品メーカーに入社。1年ほどで退社後、小学校事務員見習い、ラジオ局ADなどを経てテクニカルライターとなり、現在はひきこもり系コラムニストとして活躍中。著書に『上を向いてアルコール』『小田嶋隆のコラム道』（共にミシマ社）、『地雷を踏む勇気』『もっと地雷を踏む勇気』（共に技術評論社）、『その「正義」があぶない。』『場末の文体論』『超・反知性主義入門』（以上、日経BP社）、『友だちリクエストの返事が来ない午後』（太田出版）、『ポエムに万歳！』（新潮文庫）、『ザ・コラム』（晶文社）など多数。

「死」の匂いが伴わない終わり方

昭和天皇の血圧が80を下回っていることが報じられ、それが深刻な数値である旨を知り合いの医師から聞かされた時、私は、意外なほど動揺していた。

「ヤバいのか？」

と、私は、高校の同級生であるその男に尋ねた。

「まあね。昭和はもうすぐ終わりだと思うよ」

と彼は答えた。

実際、昭和はほどなく終わった。それも、単に終わったのではない。

昭和は、死んだのだ。

大正も明治も同じだ。それらは、明示的に死んだ。

ついでに言うなら、そういうふうにして時代が「死ぬ」ことを通じて、この国の中に「国体」と呼ばれるものが形成されたのだと私は思っている。

こんな話を蒸し返しているのは、われわれの暮らしているこの国が、ひとつの時代の終わりと始まりを、特定の人物の具体的な死に関連づけることで成り立っている実にもって不合理な社会であることを、いまいちど明確にしておきたかったからだ。

われわれは古代王朝ライクな国で暮らしているセンチメンタルな国民だ。このことをまず最初にはっきりと確認しておきたい。

私自身は、ひとりの人間の生き死を根拠に時代の名前が付け替えられるこの国の制度ならびに国民感情のありように、違和感を覚えている。というよりも、より率直に申し上げるなら、私は、特定の人物の死を区切りとして設定された「時代意識」を共有する自分たちの国の習慣に対して、嫌悪感を禁じ得ない。であるからして、「平成」という枠組みで時代を語ろうとする本書の試みにも、実のところ、うまく同調できずにいる。

もっと言えば、

「うそつけ」

と思っている。

この半年ほど、あらゆるメディアが、ことあるごとに繰り返している

「平成最後の」

という醜悪な接頭語に対しても、

「なーにが平成最後の紅白歌合戦だ。国道沿いの洋品屋がやらかしてる閉店商法じゃあるまいし」

と、耳にするたびに強い反発を感じている。

その意味で、今上天皇が譲位という形で時代を締めくくる意思を表明した勇気には、心から感服している。

陛下は、平成という時代の終わりを、ご自身の生死と切り離す決意を申し出られた。

大変なご英断だと思う。

平成の終わり方は、昭和の終わり方とは違う。

そこには「死」の匂いが伴っていない。

これは、どんなにことほいでも足りない素晴らしい変化だ。

今上天皇は、先帝の死から始まった時代を、自分の死で終わらせずに、書類上の手続きとして落着させるご決断を自ら申し出られたわけだ。

なんという英明なご決断であることだろうか。

平成はフェイド・アウトする。

平成は死なない。

われわれは、はじめて特定の人間の生死にもたれかかることなく時代を締めくくる機会に立ち会っている。

平成がどんな時代であったのかはともかく、平成天皇が名君であられたということは、この際、この場を借りて大音声で呼ばわっておきたい。

バブルから停滞へ

昭和天皇の血圧の数値を粛々と告知し続ける報道が、そのまま昭和の最後の3ヶ月ほどの重苦しい空気を代弁していたというふうに、いま私がおごそかな気分で振り返っているのは、たぶん後知恵で上書きされているニセの記憶だ。

実際のところ、当時の日本経済は、後に「バブル」と名付けられた空前の好況に沸き返っていた。

バブル経済は、平成元年の大納会（12月29日）で日経平均株価3万8915円87銭を付けたのをピークに、急落に転じた。とはいえ、1989年の大納会を機にいきなりバブルが崩壊して、日本経済が一気に不況の底に沈んだわけではない。実際には、株価と庶民の生活実感の間には相応の時差があって、日経平均が一本調子で急落を続けている間も、なおしばらく世間の空気にはバブルの余韻が残っていた。

たとえばサッカーのJリーグが開幕した1993年の春の段階で、東京ベルディ（当時）のスター選手たちが六本木のディスコで派手に遊び回る様子が毎週のように報道されていた。ということはつまり、不動産業者や金融関係者の間でパニックが広がっていたにせよ、わたくしども一般庶民は、少なくとも平成のはじめの3年ほどまではイケイケのバブル気分で暮らしていたのである。

そのイケイケの浮ついた気分に冷水を浴びせたのは、もちろん株価の急落でありその後にやってきた実体経済の冷え込みであったわけなのだが、昭和天皇の健康状態の悪化を伝える執拗な報道が、時代の気分を切り替えるスイッチとして少なからず影響していたこともまた、事実ではある。毎朝の定時ニュース枠が天皇の下血量と、決して100を上回ることのない血圧の数値を読み上げる沈んだ声の告知ではじまっていたあの昭和の最後の日々のNHKのタイムテーブルは、平成という時代精神の下地作りをする上で大きな役割を果たしていた。

さて、平成の30年間を統計データから分析すると、日本にとってこの30年は、そのまま停滞と不況の劃期ということになる。

バブル崩壊からこっち、多少の浮き沈みはあるものの、うちの国の経済はほぼ一貫して低迷している。世界のG8のメンバーである主要国の各種統計と比べてみると、わが国の労働者だけが実質賃金の伸び悩みに苦しんでいることがわかる。さらにその他の新興国や成長過程にある国々であるG20の国々と比較すると、日本の低成長が低迷どころか、事実上の転落であることがはっきりする。

GDPはもちろん、実質賃金の伸びはさらに低い。貧富格差も広がっている。

要するに、われわれは低成長どころか、相対的に貧窮化しつつある。昭和の後半部分である戦後の40年間ほどが、そのまま経済成長の時代であったことを思えば、その違いは残酷ですらある。

なぜか自足して見える平成の日本人

さてしかし、当稿では、この部分の話をこれ以上追いかけるつもりはない。

というのも、昭和が経済成長の時代であり、平成が経済低迷の時代であったという、誰の目にも明らかな事実を、いまさら私のような素人が大声で強調してみたところでたいして意味があるとは思えないからだ。

平成の日本が低迷に至っている理由を明示することができるのであれば、それはそれで意味のある原稿になるはずだ。が、その仕事は私の能力を超えている。事実は見えても、原因までは特定できない。それはもっと賢い人たちが取り組むべき仕事だ。

ただ、事実とは別に、この10年ほど私の心を捉えて離さないのは、平成の日本人が、低迷している状況の中で、なんだかやたらと自足して見えることだったりする。

これはいったいどうしたわけなのだろう。

われわれは、こんなにひどい失敗に直面しているにもかかわらず、どうしてにやにやしているのだろうか。

当稿では、以下、この点に話を絞って、平成の日本人の感情の変化について考えてみるつもりでいる。

昭和の日本人は、こんなにおとなしくなかった。

極貧の敗戦国の立場から、ジャパン・アズ・ナンバーワンの経済大国にのぼりつめるまでの40年ほどの期間を、連戦連勝の上昇機運の中で暮らしてきていたにもかかわらず、昭和の日本人は、なにかにつけて不平を鳴らす人々だった。ある時はデモを組織し、ストライキを打ち、あるいは順法闘争を展開し、大衆団交を要求し、授業をボイコットし、バリケードを築き、サボタージュを貫徹し、おしなべて、彼らは不満を表明し続けていた。

親の世代よりも何倍も豊かになり、10年前よりもずっとおいしいものを食べ、20年前には夢に見ることさえできなかった自家用車やオーディオセットを手に入れてなお、彼らは、政府を罵倒し、経営者を糾弾し、教授陣を吊し上げていた。

いったいどういうわけで昭和の庶民はあんなに荒れていたのだろうか。

ひるがえって、平成の庶民は、不平を言わない。

可処分所得を制限され、非正規雇用を余儀なくされ、賃金上昇の望みを断たれ、親よりも狭い家に住み、20年前には存在しなかった勘定科目である携帯電話の通話料に圧迫され、雇い止めに怯え、結婚を諦め、平成の30年の間に倍近くに上昇した大学の授業料を負担しきれずに学資ローンまがいの奨学金に頼っていながら、それでもなお平成の平均的日本人の多数派は、与党を支持し、デモに集う人々に冷淡な視線を浴びせ、サービス残業に従事し、牛丼の安値を福祉の一種だと思い込もうとしていたりする。

いったいどこのスイッチをどう押せば、同じ人間をこんなもチョロい生き物に変貌させることができるのだろうか。

カギはネットとスマホにある

答えを考える前に、ひとつだけ、平成の時代になって著しく豊かになった分野があることを指摘しておかねばならない。でないと、公正さを欠くことになる。

たしかに、平成の日本は、昔ながらの経済指標や統計データを見る限り、さして豊かになっていない。

ただ、われわれは、30年前には存在さえしていなかったものを手に入れている。

スマホとインターネットだ。

平成の日本人たるわれわれは、食べ物やクルマや家や洋服のような「ブツ」については、昭和の時代とたいして変わりばえのしない生活にとどまっている。しかしながら、その一方で、スマホやインターネット経由でもたらされるもの、すなわち「情報」と「コミュニケーション」に関しては、何百倍も豊かな実りをわがものとしているのである。

おそらく、平成の学生をタイムマシンに乗せて50年前の大学に置き去りにしてきたら、彼は、半日で音をあげるはずだ。

理由はトイレの汚さやメシの不味さだけではない。

もちろん、50年前の大学にシャワートイレは無いし、学食のメニューも現在に比べればずっと質が落ちる。

ただ、なにより違うのは、ポケットにスマホが無いことだ。

スマホなしに、若者はどうやって友だちと連絡を取れば良いのだ?

仮に、一人っきりで過ごすにしても、手持ち無沙汰な時間をつぶすのに、何を見て退屈をしのげば良いのだ?

ネットに繋がれない世界で、どうやって調べ物をして、何を考えたら勉強ができるのだろう。

彼は考えこんでしまうはずだ。

「アウターブレイン」がもたらした「進化」

インターネットがようやく日本で普及しはじめた1990年代の後半、立花隆さんが、たしか「文藝春秋」誌上だったと思うのだが、

「インターネットはアウターブレインだ」

という主旨の論考を発表したことがある。

内容を記憶している限りで要約すると、

1　インターネットに集積される情報は、そもそも個々の人間の脳内にある情報を外部化したものだ。
2　その外部化した「集合知」は、いずれ「万人にとっての脳」として人々に共有される。
3　そして、外部化された共通の脳を共有するによって、われら人類は新しい進化段階を迎えるだろう。

という感じの楽観的なお話だった。

ちなみに、この種の楽観論は、当時からすでに、アメリカのコンピュータ学者や、日本でも、パソコン通信初期からのオタクたちの間では、わりと一般的な認識で、立花氏の論考は、それらネット上に蔓延しはじめていた楽観論を総括したものだったと言って良い。

ところが、当時、活字の世界では、立花氏のこの論考はあまり真剣に受け止められなかった。というよりも、失笑を買っていたというほうが正確かもしれない。実際、

「なーにがアウターブレインだか」

「立花氏の立ち話という程度のヨタ話だわな」

「書痴がオタクに化けたわけだな」

「まあ、資料収集フェチの目にインターネットが理想郷に見えるのは、脚フェチにとってバ

レー教室が天国なのと同じことで、なんら意外なことではありません」

てな調子で、筋目の論壇からは見事に黙殺されていた。

しかし、公平に言って、立花氏の書いたあの論考は、まだ日本のインターネットが始まったばかりだったあの時期に書かれたことを思えば、やはり先見的だった。

実際、われわれの世界はほとんど彼の言った通りの方向に動いている。

私も、立花氏の原稿の少し後に、別の月刊誌に、

「ある人がインターネットの中で見つける情報は、その人間があらかじめ自分の脳内に蓄えている情報の鏡像なのだからして、インターネットは助平だと言っているヤツは自分が助平だと告白しているのと同じことだし、インターネットを面白くないと決めつけている人間は、自分のつまらなさを宣伝してるだけだよ」

という主旨の原稿を書いた。

これもまあ、当たってていなかったわけでもないのだが、重要な指摘ではなかった。

大切なのは、インターネットが外部化された脳だという立花氏による指摘だ。

なぜなら、実際にわれわれは、外部化された脳にぶら下がることによって、新たな進化段階を迎えることになってているからだ。

「進化」か「退廃」か

ただ、われわれが身につけてしまった変化を「進化」と呼ぶべきなのか、単に「退廃」と呼ぶべきなのかについては、議論が分かれるはずだ。

たとえば、いま私が書いている原稿を書く作業は、30年前と比べれば格段に楽になっている。

30年前に、1万字の原稿を書くためには、相当な根気が必要だった。

たとえばの話、平成元年発足の正確な日付を調べるだけでも、それなりの資料への当たり方を知っていなければならない。

バブル崩壊に至る経緯や、当時の株価の推移を調べるためには、あるいは大宅図書館に足を運ばなければならなかったかもしれない。

早い話、私のような、直感と思いつきだけで書き飛ばすタイプのコラムニストが、時事問題や社会的な事件についての連載を持てるようになったこと自体、ちょっとした事件の記事のバックナンバーや各種の論文や資料に一瞬でアクセスできるようになったからで、それもこれもインターネットの恩恵以外のナニモノでもない。

いま書いているこの原稿自体、本来なら地道に研究を積み重ねて、自分なりの資料を収集している社会学者なりが手がけるべき仕事なのであって、世が世なら私ごときが手を出せるはずのないテキストだ。

それが、こうやってあれこれいじくり回しているうちに、なんとか形になってしまう。

なぜか。

自分の貧弱な脳とは別に、インターネットという外部化した脳が存在しており、その集合知にアクセスする方法さえ知っていれば、ネタをふくらませるデータそのものはいくらでも手にはいるからだ。

てなわけで、ファクトともエビデンスとも縁のない一介の雑感コラムニストが、ご大層に時代を語っている次第だ。まことに申し訳ないと思っている。

もっとも私がこの30年間をコラムニストとして生き残り得たのは、逆説的に言えばだが、最終的な部分をファクトやエビデンスに頼ることなく、あくまでも自己の直感と思い込みでドライブしてきたからでもある。

なんというのか、集合知にすべてを任せて原稿を書いたら、誰が書いても同じ原稿になってしまうわけで、ウエブライターが陥りがちな凡庸さを避けるためには、むしろ偏見や独善こそが武器になるということだ。

してみると、無知なコラムニストにファクトとエビデンスをもたらしたインターネットの恩恵は、一方で、彼の直感を相対化して摩耗させる危険性と背中合わせだったわけだ。

ともあれ、ライターも、編集者も、トレーダーも、マーケッターも、すべての人間がビッグデータにぶら下がっている以上、すべての関係者は、お互いの手の内を承知している。と、ライティングの方法も、マーケティングの戦略も商取引の慣習も金融のスピードもすべてが様変わりせざるを得ない。これは、善し悪しの問題ではない。誰もが巨大な情報を前提としてやりとりする以上、勝負は個人の持っている情報の量ではなく、情報を扱うマナーとスキルの問題に還元される。してみると、世界は簡単になったようでいて、その実、油断のならないインディアン・ポーカーのテーブルに変貌している。

対人感覚の本質的な変化

同じことはコミュニケーションについても言える。

電話がメールになりやがてラインになり、さらに集合的なSNSや映像含みのチャットやスカイプみたいなものに拡散して行くにつれて、われわれの対人感覚もツールに合わせて変化せずにはおかない。

たとえば、19世紀の人間は、主に徒歩で移動していた。

と、当たり前の話だが、個々の人間の活動範囲はその人間の個人的な体力に依存していた。

ところが、自動車や飛行機のような移動手段が普及すると、人々の活動範囲は、むしろ個々人の資本力を反映することになる。

歩くことの意味や目的も、移動とは別の次元に移行する。

実際、21世紀の現代人にとって、歩くことは、移動のための手段であるよりは、健康のための習慣になっている。

同じことはコミュニケーションの世界でも起こる。

昭和のある時期まで、主に手紙のマナーと手紙の到達範囲で人々が交流していた時代には、人々の対人感覚は手紙の範囲にとどまっていた。

つまり、われわれのコミュニケーション感覚は、ツールに依存している。

大都会で暮らす人間と限界集落に住んでいる人間の対人感覚が違うように、固定電話で話している人間と、スマホを持ち歩いている人間では、他人との距離のとり方や感情のやりとりのマナーが根本的な次元で異質になる。これは、人間の側の問題であるよりは、ツールの性質がもたらす変化だ。

昭和は電話が登場した時代であり、テレビがリードした時代だった。

これが、スマホとインターネットになると、情報の拡散量や到達範囲が大きくなる。

ただ、より本質的な違いは、人々の対人感覚の変化にある。

交通手段の高度化が街の構造そのものを変化させたのと同じように、新しいコミュニケーションツールはそれを持った人間のマインドセッティングを一新してしまう。

当たり前のことを言っていると思うかもしれない。

でも、実際のところ、スマホを持って生まれた人間の対人感覚は、大人になってからそれを手にした人間とは根本的に違っている。この感覚の違いは、言葉では説明しきれない。

われわれはイワシ化している

2016年の5月に、「Domani」という女性誌の特集記事の見出しが話題になったことがある。

その見出しは、

《だって「幸せそう」って思われたい!》

というものだった。

ツイッターのタイムラインに流れてきたこの見出し（↑カメラ目線の笑顔で映る30代の女性モデルの写真とともに画像として提供されてきた）を見た時、私は膝を打ったものだ。

私は、この女性が、

「幸せになりたい」

という曖昧模糊とした願いではなくて、

「幸せそうに見られたい」

というより具体的で戦略的な目的を打ち出しているところに感心したと同時に、

「どうであるのか」

よりも、

「どう見られているのか」

を重視している点で、この特集がより「群れ」に照準を合わせた、すぐれて現代的な企画であると思ったからだ。

ＳＮＳのフォロワー数を競い、常にライン上で不特定多数の友人や知人とリアルタイムでつながりながら、随時自分の状況をインスタグラム上に発信しつつ、それらの一方で、好意を抱いている異性の動向をキャッチしたり、情報収集のためにだけ付き合っている知人との関係を維持するためのメッセージ交換に言葉を費やしている女性（まあ、男性でもかまわないわけだが）がいたのだとすると、その彼女の行動基準は、自分がどうしたいとか、自分が何を欲しているのかよりも、自分がどう見られたいかであったり、他者が自分に何を期待しているのかであったりすることになるはずで、それはとりも直さず、サイバー空間上で暮らしている人間が、「群れ」の中の人間としてのアイデンティティーを獲得したことを意味している。

つまりわたくしども日本人は、平成の30年間を通じて、単なる個人であることから、より大きい集合の中の一員であることにアイデンティティーの置く「群れ」の中の人間に進化したのである。

ホオジロザメがイワシの行動規範を身に着けることを「進化」と呼ぶのかどうかはわから

ないが、いずれにせよ、われわれはイワシに近づいている。

「群れ」の中でのアイデンティティー

5年ほど前、「便所飯」という言葉が流行ったことがあった。

最近、大学で仕事をするようになって、なるほど、最近の大学の便所は、メシが食えるほど清潔になっているということを知った次第なのだが、そのこととは別に、学生の中で「便所飯」が発生する経緯を解説してくれた若者の言葉は私の心を打った。

学生がトイレの個室で食事を済ませるのは、「一人で飯を食っている姿を他人に見られたくない」からなのだそうだが、その理由は、「友だちのいない人間だと見なされることが致命的な恥辱だから」なのだそうだ。

どうして一緒に飯を食う友だちのいない人間であることを見破られることがそれほどまでに耐え難い恥辱であるのかというと、誰もがスマホなり携帯なりを所持している現代のキャンパスにあって、誰からも会食の問い合わせが届かない学生は、ガチで友だちからハブられている正真正銘の「ボッチ」だからということらしい。

つまり、携帯を持っていなかった昭和の学生が、余儀なく一人で飯を食っていたのとはまるで意味が違うわけだ。

孤独耐性の低さということもあるが、そもそも誰もが通信手段を常備しているということは、その彼らが群棲動物であることを意味している。

とすれば、一人で飯を食っていた昭和の学生が、一匹で歩いているハリネズミと同じように、特段に珍奇な個体でなかったのに対して、一人で飯を食っている平成の学生は、サバンナをたった一匹で歩いているシマウマやヌーと同じく、あり得ない局外者ということになるらしいのだ。

なるほど。

平成の秘密がわかったぞ。

スマホを装備しインターネットにぶら下がることになったわれわれは、脳を外部化し複数のネットワークでつながることを通じて、一つの巨大な群れになった。

とすれば、多少貧しくても将来に夢がなくても特段に不満はない。

なにしろアイデンティティーが自分にでなく、群れにあるわけだから。

おそらく、この先、平成の次の時代の日本人は、群れどころか、社会性昆虫じみた自意識を獲得することになるはずだ。

働き蜂の社会は、ああ見えて生産性はわりと低いらしい。

幸せなのかどうかはちょっとわからない。

幸せかどうかなどという質問自体、彼らにとっては次元の低い話なのかもしれない。

生命科学の未来は
予測できたか？

仲野徹

仲野徹（なかの・とおる）

1957年、「主婦の店ダイエー」と同じ年に同じ街（大阪市旭区千林）に生まれる。大阪大学医学部医学科卒業後、内科医から研究の道へ。ドイツ留学、京都大学・医学部（本庶研究室）講師、大阪大学・微生物病研究所教授を経て、2004年から大阪大学大学院・医学系研究科・病理学の教授。専門は「いろんな細胞がどうやってできてくるのだろうか」学。2012年には日本医師会医学賞を受賞。著書に、『幹細胞とクローン』（羊土社）、『なかのとおるの生命科学者の伝記を読む』（学研メディカル秀潤社）、『エピジェネティクス』（岩波新書）、『こわいもの知らずの病理学講義』、『（あまり）病気をしない暮らし』（共に晶文社）など。趣味は、ノンフィクション読書、僻地旅行、義太夫語り。

生命科学が爆発的に進展した時代

昭和63年の大晦日、「西」ドイツの古都・ハイデルベルクにあるヨーロッパ分子生物学研究所（ＥＭＢＬ）の研究員になるべく、伊丹空港を飛び立った。当時はまだソビエト連邦共和国上空の飛行が許可されていなかったので、アラスカのアンカレッジ経由である。大晦日のせいかＫＬＭのジャンボ機はガラガラで、中央列の席を四つ占領して寝ながら行けた。日付が変わった頃、シャンパンが飲み放題で振る舞われたのが豪華だった。

ひさしぶりに思い出してみると、隔日の感がある。ファクスはまだ一般家庭では使われていなかったし、国際電話となると3分間で２０００円近くしていたはずだ。主たる通信の手段は航空便。それも、ぺらぺらの便箋に手書きで、ＬＵＦＴＰＯＳＴ（航空便、ＬＵＦＴはドイツ語で空の意味）と書かれた、今はとんと見なくなった赤と青の縞模様がついた航空便用の封筒を使っていた。往復のやりとりに2～3週間かかる、なんとものどかなものである。

今と違って、インターネットなどない時代だ。日本のニュースを聞くために、短波で送られてくるＮＨＫの放送を聴ける最新型のラジオを購入して行った。それでも、電波状況によって聞こえる日と聞こえない日があった。

昭和天皇の崩御をどのようにして知ったのか、記憶は定かでない。日本中がどのように追悼していたのかもまったく知らない。友人が、ひとりで寂しかろうと和菓子を航空便で送ってくれた。崩御の影響だろうか、えらく遅延して、落手した時には青カビが表面にはえていた。それがとても悲しかったことだけはよく覚えている。

1ヶ月間のニュースをまとめた雑誌『新聞ダイジェスト』が、日本のニュースを知るほぼ唯一の手がかりだった。といっても、日本から送ってもらうので、ニュースを読むのはほとんど2ヶ月遅れになる。この雑誌、購読者は激減しているだろうに、今でも発刊されているらしい。何だかちょっとうれしい。


平成元年といえば、元号が変わった以上に、世界が激変した年でもあった。6月には天安門事件があって、研究所の同僚たちから、日本は大丈夫かと尋ねられた。ヨーロッパにおける中国と日本についての認識はその程度なのかとえらく驚いた。

中国での締め付けとは逆に、欧州にあった鉄のカーテンが緩みはじめ、11月にはベルリンの壁が崩壊した。激動の時期にドイツにおられてすごかったですね、とよく言われるのだが、どうにも、もごもごとしか答えようがない。

テレビのニュースを見ても、ドイツ語がわからないからほとんど見ていなかった。渡独して半年もたてば、いろんなニュースが気にならなくなっていた。日本や世界の状況からは隔絶されたような状態である。

そんなある日の夜、テレビをつけてみると、どうもベルリンの壁に登ったり、大きなハンマーで壊そうとしている人がたくさん映っていた。何をしているのか、まったくわからない。翌日、研究所へ行って、昨日はベルリンで何かの壁を壊すとかいう象徴的なイベントでもあったのかと同僚に尋ねた。トオル、東西ベルリンの壁が崩れたことを知ったのはお前が世界で最後かもしれない、と笑われた。まさかそんなことが起ころうとはまったく想像することができなかったのだからしかたない。

30年先の世の中がどうなっているかなど考えたこともなかった。古典的な生物学で研究を始め、一念発起、当時すごい勢いで進み始めた分子生物学を学ぶためにＥＭＢＬの研究員になったのだ。いい格好を言うのではなく、研究のことしか頭になかった。

とはいうものの、一生研究を続けようと決意していたわけでもない。研究職というのは、おそらく一般の方が思われるよりもはるかに難しい。能力も必要だが、それだけでは不十分である。運に恵まれる必要もあるし、相当な努力をしなければならない。

医師免許を持っている研究者は、医師というエスケープルートがある。研究職がダメなら医業を営めばいい、という甘い考えを抱きがちだ。自分がそうだったから、よくわかる。実際、ドイツで遊学して帰国した後は、お医者さんになろうかと半分くらい思っていた。

しかし、ＥＭＢＬでの研究者生活は信じられないくらい楽しかった。将来どうなるかはわからなかったけれど、なにしろワクワクのし通しだった。超一流研究所なので、ノーベル賞受賞者の講演もたくさんあった。反証可能性をかかげた科学哲学の大家、あのカール・ポパーの講演もあった。残念ながら、さっぱりわからなかったけれど。

そんな時代から30年。なんとか研究者として生活を営んでこられたので、よしとすべきだろう。それに、とてもいい時代に生命科学の研究に従事できたと思っている。おそらく、将来、日本でいう平成の時代、30年間を中心とした時代が、生命科学が爆発的に進展した時代として歴史に刻まれるはずだから。

はて、生命科学の分野では平成の30年間にどんな進展があったのか。極めて多岐にわたる進歩があったので、網羅的に説明するのは難しい。なので、3つのテーマ、ヒトゲノム解読、遺伝子改変動物、そして核移植クローンについて論を進めたい。

過去30年の進歩を元に、これからの30年、いや、もっと長きにわたって、人類に大きな影響をおよぼしかねないものである、というのが、この3つを選んだ最大の理由だ。それぞれについて、どの程度予想通りに進んだか、また、どのような予想外の進展があったかについて紹介してみたい。まったく知識のない方にもわかるように書いたつもりなので、ぜひ、ひるまずに読んでいただきたい。

ヒトゲノム解読

ゲノムとは全遺伝情報のことである。うんと単純化していうと、遺伝物質であるDNAはA(アデニン)、C(シトシン)、G(グアニン)、T(チミン)という4種類の塩基が並んで構成されていて、遺伝情報とはACGTという4種類の文字で綴られた書物のようなものである。ヒトの場合は、その字数が約30億個ある。

いわば、ACGTの文字が30億個つながって書かれた書物がゲノムである(1個の細胞だと、その2倍の60億個になる)。ゲノムの情報がすべてを物語るわけではないが、ヒトゲノムを解読すれば、生物としてのヒト、病気の成り立ち、人類の進化など、さまざまなことがわかるであろうというのは自明のことであった。

米国を中心に、欧州、日本などとの共同チームでヒトゲノムを解読しようという計画がスタートした。予算がついたのは平成2年だが、その計画が「今日から始動する」と委員会で宣言されたのは平成元年1月のことである。だから、平成時代と共に始まったと言うことができる。

当初の予定は15年がかりで費用は30億ドル。費用の計算は、DNAの塩基配列決定法の開発でノーベル化学賞を受賞していたウォルター・ギルバートが、ナプキンの端を使って概算した。おおよそこういった計画は、楽観的な数字が述べられることが多いのだが、後に、その30億ドルという概算は結果的に極めて正しかったとわかる。

ヒトゲノム計画が発足したのは、ふりかえって第1世代と呼ばれることになる塩基配列解読装置がようやく開発されたころだ。その性能を考えると15年というのは相当に甘い見積もりであったといわざるをえない。平成4年に共同チームの責任者になったフランシス・コリンズは、15年ではとても無理で、「消える運命にある事業を率いる契約にサインした」ような気持ちになったと述解しているほどなのだから。

もちろんお金と時間を十分にかけさえすれば、いずれは完成できるはずの研究テーマである。一方で、あるノーベル賞学者は、ヒトゲノム解読ができるかどうかは、費用でも技術でもなく、作業の恐るべき単調さにあると述べた。実際、塩基配列の決定はそれほど退屈な作業なのである。

しかし、現実には、当初の予定である15年を下回り、ヒトゲノムの概略（ドラフト）が発表されるまでに10年、完全な解読までには13年しかかからなかった。研究の予定が前倒しになるのは珍しいことだが、これには、新しい世代の塩基配列決定装置が開発されたことと、コンピューターサイエンスの進展が大きく寄与した。

もうひとつ、クレイグ・ベンターという恐るべき男の存在も大きかった。このベトナム戦争の衛生兵あがりの男は、ゲノム解析のベンチャー企業をたちあげ、たった一人で国際共同チームに立ち向かったのだ。それも、共同チームとは異なった方法論を用いて、共同チームの予算の10分の1、3億ドルで、より短期間の10年間でヒトゲノムの解析をおこなうぞと豪語しての挑戦だった。

当然、共同チームは面白いはずがない。ゲノムの悪徳商人などと強烈なバッシングを受けた。しかし、ベンターはくじけなかった。最終的に、2000年にホワイトハウスでヒトゲノム解読が宣言された時、クリントン大統領の横には、共同チームの代表者であったコリンズと共にベンターが並んでいたのである。このストーリーは激しく面白いので、興味のある方はぜひ『ヒトゲノムを解読した男――クレイグ・ベンター自伝』（化学同人）をお読みいただきたい。

以後、ゲノム解析が進んで、病気についてさまざまなことが詳しくわかってきた。いままでは、比較的安価に、がんのゲノムを調べることも可能である。がんの原因は遺伝子の変異である。がんの発症に関係する遺伝子数個に変異が生じて細胞はがん化するのだ。だから、がんのゲノムを調べてどの遺伝子に異常があるかを調べることにより、がんのことを詳しく知ることができる。

わかるはずだったのに、わからなかったこともある。糖尿病や高血圧といった生活習慣病には遺伝性のあることがわかっていた。だから、ゲノムをしらべると、どの程度そういう病気になりやすいか、かなりの確度でリスク判断ができるだろうと期待されていた。というよりも、誰もがわかるはずだと思っていた。しかし、これについては、少なくとも現時点では、ほとんどわからなかった、というべきレベルにとどまっている。

一方で、やってみて正確にわかった、ということもある。ヒトとチンパンジーのゲノムにはわずか1・2%しか違いがない、というのもそのひとつだ。人間同士の差異はもちろんはるかに小さくて、わずか0・1%程度でしかない。もうひとつ、ゲノム解析でわかった驚くべきことは、「人種」などというものは、遺伝子レベルで見た場合、すなわち、生物学的には存在しない、ということだ。人種という概念は生物学的なものだと思われがちだが、決してそのようなことはない。歴史、文化、言語など、さまざまな要素が混ざり合って成立しているにすぎなかったのだ。

人類発祥の地であるアフリカの異なった地域の2人、たとえばエチオピアとスーダンの2人、のゲノムの違いは、それぞれの人と日本人との間のゲノムの違いよりも大きいのである。個人間の違いが「人種」間の違いよりも大きいというのはありえない話だ。したがって、背理法で、人種などというものは存在しない、ということになる。

個人間のゲノムの違いは、それぞれの個人がかけがえのないものであり、その多様性が重要であることを物語っている。一方で、人種などというものは存在しない。さらに、チンパンジーとの違いの小ささ。各個人によって考え方は違うだろうけれど、こういったことが常識として認識されれば、人類とはどういうものか、ということにも大きな影響をおよぼしていくはずだ。ヒトゲノム解析は、病気といった個人の問題だけでなく、人類のあり方にも新しい考え方を投げかけたのである。

ヒトゲノム解読以降、何がわかったかについては、コリンズの『遺伝子医療革命――ゲノム科学がわたしたちを変える』（NHK出版）がとてもいい。副題にあるように、プレゲノム時代とポストゲノム時代では、ほんとうにいろいろなことが変わってきたし、変わらざるをえないのである。その境目が、日本では平成時代に相当するのだ。

遺伝子改変動物

生体内における遺伝子の機能を調べるには、遺伝子改変動物が用いられる。特によく用いられるのはマウス、家ネズミではなくてハツカネズミ、である。かつては、特定の遺伝子を発現させ、その遺伝子によってコードされるタンパクを大量に生産させることによって、遺伝子の機能を解析していた。

これと逆のやり方、特定の遺伝子を破壊したマウス、遺伝子ターゲティングマウスを作成することにより、遺伝子機能を解析するという方法がある。昭和の終わりころ、こういった手法が可能であることを示す論文が、後にノーベル賞を受賞することになるオリバー・スミティーズとマリオ・カペッキによって別々に報告された。

余談になるが、カペッキの生い立ちは壮絶だ。反ファシズム運動により強制収容所に収監された母親と別れ別れになり、ホームレス少年になることを余儀なくされる。後に母と再会し、イタリアからアメリカに渡って研究者となった。どれだけ強靭な精神の持ち主なのだろう。

この方法に用いられるのは、マウスの胚性幹細胞（ES細胞）である。どのような細胞にも分化することができるES細胞の遺伝子を破壊する。細かい方法論は省くが、そのようにして作ったES細胞を用いて、特定の遺伝子が破壊されたマウス個体を作成することが可能になった。この方法は、遺伝子機能の理解に画期的な進展をもたらした。

30年前、多くの研究者がこの方法を用いて、自分が研究している遺伝子の機能解析をおこないたがった。ただし、当時は相当に難易度の高い研究であった。というのも、世界中でそのような実験ができる研究室はせいぜい数ヶ所しかなかったのだ。

いささか手間のかかる方法ではあるが、現在、そこそこのレベルの研究室なら世界中どこでもできるようになっている。優れた研究法は、誰もが取り入れたいので爆発的に広がるのだ。いまや、遺伝子破壊で研究されなかった遺伝子など存在しないのではないかと思えるほどの状況になっている。また、この方法を用いて、ヒトの疾患と同じ病態を示すモデル動物を作成することも可能で、こういった動物が医薬品などの開発にきわめて有用であることは言うまでもない。

ここまでは、平成が始まったころに、おおよそは予想できたことだ。同時に、より効率の良い違った方法の開発が進められていた。これも専門的な話になるので、詳細は省くが、遺伝子破壊には相同遺伝子組換えという方法が用いられていた。この方法は、一般的に効率が相当に低いので、使い勝手がよくないのである。

そのような中で、画期的な方法論が発表された。それが、CRISPR-Cas9（クリスパー・キャスナインと読む）を用いて、任意の遺伝子を改変することのできるゲノム編集技術である。

CRISPRとは、細菌のＤＮＡにある短い塩基配列の反復配列で、私の古巣でもある大阪大学微生物病研究所におられた石野良純博士が発見されたものだ。細菌にもウイルスが感染することがあるのだが、この反復配列は、細菌がウイルス感染を防ぐために使うものであることがわかった。分子メカニズムはやや複雑なのだが、Casというタンパクと CRISPR 配列とで、侵入してきたウイルスのＤＮＡを切断する。ただし、これは、あくまでも細菌の中での話だ。しかし、この方法をうまく改変することにより、哺乳類の細胞で、任意の遺伝子を破壊することができるようになった。

CRISPRが報告されたのは昭和61年であるから、平成が始まったころには、この方法の萌芽はすでにあったということになる。しかし、誰一人として、いずれ哺乳類細胞のゲノム編集に用いることができるなどとは想像していなかった。

これを哺乳類細胞でのゲノム編集に用いることができるのを報告したのは、細菌学者のエマニュエル・シャルパンティエと、CRISPR-Cas9が機能するときに必要なRNA（DNAの親戚みたいな分子です）の研究をしていたジェニファー・ダウドナである。シャルパンティエはヨーロッパでダウドナはカリフォルニア。バックグラウンドの違う、遠く離れた研究室にいる二人の女性研究者が偉大な発見を成し遂げたのである。共同研究かくあるべしというお手本のような研究だ。この二人のノーベル賞受賞は１００％確実といわれている。

細菌が独自に進化させてきた生体防御システムを見事に利用した方法だ。理屈を追えば、あぁなるほど、こうやったらできるだろうという方法ではある。しかし、誰も考えつかなかった。この過程についてはダウドナが書いた『ＣＲＩＳＰＲ（クリスパー）――究極の遺伝子編集技術の発見』（文藝春秋）に詳しい。

ビタミンＣの発見者であるアルベルト・セント＝ジェルジがいうように「発見とは、誰もが見たことのあることを、じっくり見据えた上で、誰一人として考えたことのないことを、考えてみること」なのだ。この研究の場合は、単に考え方を変えるだけでなく、バックグラウンドの違う専門家がタッグを組まなければ不可能であったかもしれない。そういう意味で、かなり難易度の高い発見である。30年前には、誰一人想像すらしなかったその技術が平成24年に発表された。

この方法が画期的なのはその方法論の鮮やかさで、きわめて簡便に、そして、これまでの方法とは違って、きわめて効率的に、遺伝子の破壊やゲノムの編集が可能である。従来はＥＳ細胞を用いるしか、自在に遺伝子改変動物を作ることはほぼ不可能であった。しかし、CRISPR-Cas9を用いることにより、受精卵での遺伝子改変も自在におこなうことができるようになった。

デザイナーベビーという言葉がある。受精卵の段階で遺伝子改変をおこない、親が望むような形質、運動能力や知力、身長、目の色などなど、を持たせた子どものことである。遺伝子エンハンスメント（強化）と呼ばれることもある。これを扱ったＳＦ小説や映画はいくつもある。しかし、あくまでもフィクションであって、現実には不可能だと考えられていた。それが、30年前には想像できなかったCRISPRによるゲノム編集技術によって可能になるかもしれないのだ。

決して現時点で可能というわけではない。たとえば、身長はほぼ8割が遺伝的素因で決定されることがわかっている。しかし、ゲノムを調べても、どの遺伝子型であれば身長がどの程度になる、というのは、現時点ではわからない。ましてや、ひとつの遺伝子を改変して身長を高くする、などということは不可能である。

しかし、いつの日か、非常にたくさんのゲノムデータが蓄積され、遺伝子改変によって高身長になるデザイナーベビーを作り出せる日がこないとは限らない。知能や運動能力もしかりである。知能の遺伝素因がどの程度であるかはなかなか結論が難しいのだが、運動能力については、やはり7割程度が遺伝素因によって決定されるとされている。

あくまでも理論の上ではということだが、身長だけでなく、運動能力や知能が高くなりそうなデザイナーベビーを作ることができるかもしれないのだ。もしそんな時代がやってきたら、きっと、平成時代に開発された技術を用いて、と語られるようになるだろう。

核移植クローン動物

最近では、iPS細胞をはじめ、しょっちゅうマスコミで目にする再生医学である。さて、平成が始まったころはどういった状況だったと思われるだろう。PubMedというデータベースがある。出版された生命科学・医学系論文がすべて登録されていて、誰でも簡単に検索することができる。

このデータベースで「再生医学（regenerative medicine)」をキーワード検索してみると、平成30年9月の時点でおよそ5万編の論文がひっかかってくる。では、平成が始まるまでの論文がどれくらいあったかを調べると、わずか60編でしかない。ほとんどなかったのだ。それが、昨年1年間だけで8600編も出版されるようになっている。

実際にはもう少し以前からあったはずだが、英語版のウィキペディアをみると、再生医学という言葉が最初に使われ始めたのは21世紀にはいってからとされている。これほど隆盛を極めている領域が30年前にはほとんど存在すらしていなかったとは、いまとなっては不思議な気がする。これから述べる哺乳類の核移植クローンの状況はもっとひどかった。概念がなかったのではなく、科学的に不可能だと烙印を押されていたのだから。

それにはひとつ大きな理由があった。昭和56年、マウスで核移植クローンができたという画期的な論文がカール・イルメンゼーらにより発表され、大きな話題を集めた。しかし、それが捏造であることが明らかになった。捏造だったからといって、その研究内容が誤っているとは限らない。しかし、悪いことに、核移植の大家ふたりが、哺乳類では核移植クローンは不可能である、という論文を発表したのだ。もちろんその結論は間違えていたのだが。

そうなると、誰もそんな研究をしようとは思わない、というのが普通の考えだ。しかし、2人の研究者、イアン・ウィルマットとキース・キャンベルが、スコットランドで細々と羊の核移植クローン作成を試みていた。

そのような状況であったから、この2人が核移植クローン羊・ドリーの誕生を平成9年にネイチャー誌で発表した時、研究者達は心底おどろいた。その時のイルメンゼーのコメントはすごかった。やはり哺乳類でも核移植クローン動物は可能であることが証明されたではないか、私は正しかったのだと豪語した。盗っ人猛々しいという言葉が頭に浮かんだ。たとえ核移植クローン動物の作成が可能であっても、捏造が贖罪されるわけではない。できないと思い込まれていたら誰もやらないが、できるとなればやる人がわんさかと出てくるのは世の常である。翌年にはマウスで、その次の年にはウシで、というように、いろいろな哺乳類で続々と核移植クローン動物が報告されるようになった。

さて、クローン人間はできるのだろうか。これには、実験でできるかどうか以前に、倫理的に問題があるので、やってはいけない、というのが世界的なコンセンサスである。一方で、核移植クローン動物、ではなくて、核移植クローンES細胞というのがある。ヒトの卵細胞に核移植をおこない、ある程度まで発生させてES細胞を作成する、というものだ。

たとえば、あなたが神経の細胞を移植した治療を受けたいとする。その時、あなたの細胞をとってきて、その核を卵細胞に移植してES細胞を樹立する。そのES細胞から神経細胞を分化させて治療に使う。この神経細胞のゲノムはあなたのものとまったく同一であるから、拒絶反応はおこらない。iPS細胞ができるまでは、こういった核移植クローンES細胞を用いた治療用クローニングに大いなる期待が寄せられていた。

この研究でも捏造があった。韓国の黄禹錫《ファンウソク》らのグループは、ヒト核移植ES細胞を樹立したと平成16年に華々しく発表した。しかし、後に捏造であることが明らかになる。歴史は繰り返すではないけれど、その後、平成25年にシュークラト・ミタリポフらのグループがヒト核移植ES細胞の樹立に成功した。

そのミタリポフでさえ、いくつかの理由で、霊長類のクローン動物はできないと考えていた。しかし、研究が進み、できない原因が次第に明らかにされ、その問題点が克服され、平成30年の1月、中国のチームが、カニクイザルのクローン動物を作成することに成功した。倫理的な問題から禁止されているが、同じ方法を用いて、ヒトのクローンも作成できるだろうと考えられている。

予測されたこと、予測できなかったこと、そして、いつまでもわからないこと

ここまで、ヒトゲノム解析、遺伝子改変動物、核移植クローン動物について、平成時代にどう進展してきたかを説明してきた。

それぞれについて、簡単にまとめてみよう。ヒトゲノムの解読は、膨大な金額と人力をかければ、必ず成し遂げることができる、という少し特殊な研究であった。しかし、予定通りに進むとは誰も思っていなかった。

ヒトゲノム解析の有用性を考えた時、アポロ計画の累積費用が、平成時代の貨幣価値にすると1000億ドルに達したことに比較すると、30億ドルなど安いものだ。さて、現在、ヒトゲノムの解析に必要な金額と日数はどれくらいだと思われるだろうか。わずか数万円、1

日もあれば解読が可能になっている。平成の30年の間に、なんと1000万分の1ほどになったのだ。これだけ価格破壊がおこなわれたものがはたしてあるだろうか。いかに技術が進歩したか、この比較だけでもよくわかる。

この技術革新をじつにうまく利用したのがクレイグ・ベンターであった。たったひとりで共同チームにひと泡吹かせたのだから。昔の映画でいうと、まるで『ランボー』のスタローンや、『ダイ・ハード』のブルース・ウィリスみたいだ。ベンターがいなければ、何年か計画が遅れていた可能性が高い。新たな技術革新とちょっとダーティーなイメージのあるヒーローの登場は、平成の始まったころ、誰にも予測できなかった。

チンパンジーとヒトの差異や、人種など存在しない、ということは、もちろん結果を見るまでわからなかった。一方で、生活習慣病の罹りやすさの予測などは、できるはずと思われていたのに、いまのところできていない。

多くの人のゲノム情報が集められ、膨大なデータが集積された時、病気のなりやすさや、知能、性格、運動能力などがゲノムから予測できるようになるかもしれない。安価になればなるほど、データの蓄積はどんどん進むだろう。しかし、いずれ予測できるようになるかどうかは、やってみなければわからない研究だと現時点では考えられている。

きわめて安価にゲノム解析ができるようになった今日、おそらく、非常に多くの人が自分のゲノムを調べるようになっていくだろう。しかし、自分のゲノムには病気を引き起こす遺

	ヒトゲノム	遺伝子改変動物	哺乳類 核移植クローン
平成の初め	理論的には可能 （期間内の目標達成は ほぼ不可能との想定）	黎明期 （初期技術は完成）	不可能との烙印 （捏造事件の影響）
途中経過	目標よりも早く達成 （技術革新とベンターの 活躍）	数多くの改変動物作成 と CRISPR-Cas9 の 発見	ドリーの誕生 （霊長類での困難性、 再度の捏造事件）
平成の終わり	安価なゲノム解析 （膨大なデータ蓄積の時 代へ）	遺伝子改変動物の 作成が極めて容易に （ヒトでも可能？）	霊長類でも成功 （ヒトでも可能？）

伝子の変異など、好ましくない情報が含まれていることを覚悟しておかなければならない。ゲノムはある意味で究極の個人情報なのだ。

遺伝子ターゲティング動物の作成は、平成にはいったころスタートした。そして劇的に広まった。ここまでは、その時点で予想可能であった。しかし、CRISPR-Cas9による簡便で効率的な方法論の開発は誰も予測していなかった。当然、SFでしかなかったデザイナーベビーが現実性を帯びるようになるということも、ほとんど予測できなかった。

核移植クローン動物の歴史が最も劇的かもしれない。予測できなかったどころか、できないはずという負からのスタートだったのだから。しかし、クローン羊のドリー以後、続々といろいろな種での核移植クローン動物が誕生した。これまた不可能ではないかとされていた霊長類クローン動物が作成され、いまや、倫理的な問題があるとはいえ、人間の核移植クローンの作成までが視野にはいっている。

これらを簡単にまとめると、上の表のようになる。

法則というほどのことではないが、ざっくりと考えると、①優れた方法論は迅速に広まる、②不可能と思われていたことが可能になる場合がある、③予期されなかった研究の方が予測された研究よりもインパクトが大きい、④やってみないとわからない研究がある、といったところだろうか。①に基づいた研究の進展は予測がある程度可能だが、②〜④については、当然ながら不可能だ。

『21世紀への階段――40年後の日本の科学技術　第1部、第2部』(弘文堂)という本がある。科学技術庁が識者に依頼して、1960年からみた40年後の世界、すなわち21世紀を予測してもらったものだ。この本を読むと、科学・技術における未来予測がいかに困難かがよくわかる。あたっているのはたかだか2〜3割でしかない。

もともと科技庁が作ったものということもあるが、原子力の未来が華々しく描かれていて、げんなりしてしまう。コンピューター、当時の用語では電子計算機だが、についての予測は微妙である。いろいろなことがオートメーション化され、家庭にもコンピューターが普及する、というのはいい。意志決定がコンピューターにゆだねられるというのは、これからのAI時代にそうなるかもしれないが、過大な期待だった。一方で、インターネットなどは想像すらされていない。

医学についてはどうだろう。感染症はすべて世の中からなくなり、人工臓器がどんどん開発されている。一方で臓器移植は拒絶反応があるから難しい。また、ストレスあふれる世の中になり、胃潰瘍が代表的な消化器疾患になっている。と、予測されている。

実際には、根絶された感染症は天然痘だけだし、人工臓器のレベルは高くない。逆に、臓器移植は免疫抑制剤の開発で長足の進歩をとげたし、胃潰瘍は特効薬が開発された。いやはや予測というのはかくも難しい。

生命科学についての項目もあるのだが、具体的なことはほとんどなにも書かれていない。1960年というのは、DNAの構造がわかってまだ数年、塩基配列解析装置どころか、塩基配列の決定法すら開発されていなかった時代である。その後の進展を予測するのは難しすぎたのだろう。

平成初頭に生命科学の将来を予測するのは、このような状況よりは、はるかに容易であったはずだ。ただし、すでに手に入れた手段を拡張する、といった予測に限定したら、という範囲内において、である。とんでもない大発見があるかどうか、いつなされるか、は予測することなど不可能なのである。

フランスのノーベル賞学者フランソワ・ジャコブはその著書『ハエ、マウス、ヒト——一生物学者による未来への証言』(みすず書房)で、「予測不可能性は科学の性質に含まれている」

と断言した。言い換えると、予測が可能なようなことばかりでは、科学は大きな進歩をとげることはないのである。

日本は科学技術立国を目指しているらしい。残念ながら、その割には、予算措置やその方策はお粗末としか言いようがない。ここまで述べてきたように、すでに存在する成果や技術に基づいた応用的な科学技術開発に投資するだけでは、大きな成果を手に入れることは決してできない。

一方で、誰もが予測しなかったような成果があがるような研究をサポートできるのか、という疑問がわくのは当然である。予測不能なのだから、それを狙ってということは極めて困難だ。かといって、手をこまねいていてはだめだろう。可能性が低くとも、もし実現できたらとてつもなく大きなインパクトをおよぼす可能性がある研究を見つけて、それに挑戦する優秀な若者を支援することとしかない。

こういった研究の成功率、歩留まりが悪いのはあたりまえだ。しかし、残念ながら、そこには目をつぶって予算を出すというようなことは、財務省が決して許さない。ベンチャー企業に対する投資でまかなうしかないかもしれないが、日本ではそれもたやすくない。

iPS細胞の発見はとてつもないレベルのものだ。しかし、発見が済んでから巨額の予算を出すよりも、次の山中伸弥になりうる研究者に相応の研究費を出すことの方が重要なのである。もちろん、それをしても大発見が出るかどうかはわからない。それも含めての予測不可能性であることを理解しておく必要がある。

米国のサイエンスライター、ジョン・ホーガンは平成5年に『科学の終焉《おわり》』（徳間文庫）という本で、科学の冒険時代は終わり、応用は進むが、大発見はなくなっていくだろうと論じて大きな波紋を引き起こした。これに対して、ネイチャー誌の名編集長であったジョン・マドックスは、そんなことはない。新しい技術を用いることにより、どんどん深掘りができるようになるから、終焉を迎えることなどない、と反論した。

さて、基本的に予測は不可能であると論じながらも、平成の次の時代の生命科学を考えてみたい。年寄りは悲観的でいけない、と言われるのを承知でいうと、わたしはホーガン寄りの意見である。過去30年に比較すると、次の30年は生命科学そのものにおける進歩は遅くなるだろうと考えている。

我々はつい自分が生きてきた時代がそのまま続くのではないかと、勘違いしがちだ。この30年間における生命科学の進歩は著しかった。それ以前の30年間と比べると、いかに凄まじかったかがよくわかる。我々の頭は、平成時代におけるその著しい進歩に慣れすぎていはしないだろうか。いろいろなことがわかればわかるほど、わからないことは減っていく。もちろん未知の問題も残されているし、ビッグデータの解析技術やAIの利用などは進むであろう。しかし、生命科学研究そのものの内容について現時点での技術で解析しうるものは、すでにわかったことに比べると、そう多くはないはずだ。

暗いことを言う、と思われるかもしれない。しかし、社会の成長はいつまでも続くものではなさそうだということを学んだのが、平成の30年間ではなかったか。それが生命科学にも遅ればせながらやってくる。楽観でも悲観でもなく、ただそれだけのことではないかと思っている。

平成期の宗教問題

釈徹宗

釈徹宗（しゃく・てっしゅう）
1961年生まれ。宗教学者・浄土真宗本願寺派如来寺住職、相愛大学人文学部教授、特定非営利活動法人リライフ代表。専攻は宗教思想・人間学。著書に『不干斎ハビアン――神も仏も棄てた宗教者』（新潮選書）、『法然親鸞一遍』（新潮新書）、『死では終わらない物語について書こうと思う』（文藝春秋）、『お世話され上手』（ミシマ社）、『落語に花咲く仏教――宗教と芸能は共振する』（朝日選書）、『異教の隣人』（晶文社）など多数。

はじめに

元号が平成に変わった30年前、日本ではまだ「精神世界ブーム」や「心理学ブーム」が続いていたように記憶している。私はちょうど大学の教壇に立ち始めた時期であり、お気楽に「これからは宗教の時代だ」「これからは心の時代だ」などと学生にしゃべっていた(実に恥ずかしい過去である)。宗教に対する学生たちの関心の高さも感じていた。

しかし、平成7年に地下鉄サリン事件が起きて、〝宗教〟という言葉がもつ響きは一気に暗いものとなった。平成期における宗教トピックスといえば、やはりカルト宗教問題である。中でも、地下鉄サリン事件をはじめとした一連のオウム真理教事件を取り上げねばならない。そして、まるで平成の世が生んだ忌まわしいものに急いで蓋をするかのごとく、平成30年の7月に松本智津夫(麻原彰晃)以下13名の死刑が執行されたのである。

平成の宗教問題を語るにあたり、まずはオウム真理教事件へと至る当時の宗教状況から始めたい。そして、けっして他人事ではないカルト宗教問題について述べる。

もうひとつ、平成期の特徴的な宗教事情として、イスラームの波を挙げたい。日本におけるイスラーム情報は平成期において数倍にふくれ上がった。もはやイスラームへの理解は必須課題である。しかし、世界的に見れば、宗教に関する対話の気運は低下傾向にあるのだ。

最後に、2010年代から起こった〝ソーシャルキャピタルとしての寺社評価〟についても触れたいと思う。

1 世俗化社会と宗教回帰現象

1950年代から60年代にかけて、〝世俗主義（セキュラリズム）〟や〝脱宗教性（ライシテ）〟に関する議論が盛んになる。〝世俗化〟は宗教と社会を考える際の鍵となっていった。〝世俗化〟とは、社会から宗教が撤退していくことであり、宗教的価値や習俗から個人が解放されることである。特にヨーロッパ諸国において〝世俗化〟への傾斜が顕著であることが言及された。トーマス・ルックマンやピーター・L・バーガーなど著名な社会学者たちが〝世俗化〟について論じたのである。〝世俗化〟の波に、キリスト教神学者たちも反応した。パウル・ティリッヒは〝世俗化〟を「深み次元の喪失」と呼び、ハーヴィ・コックスは『世俗都市』の中で〝世俗化〟と〝都市化〟の二つのプロセスとその交錯を分析している。日本でも宗教学の領域において、ヤン・スィンゲドーがいち早くヨーロッパの世俗化論を紹介し、井門富二夫が『世俗社会の宗教』や『神殺しの時代』を著して日本型世俗化状況について考察した。

伝統的な宗教的価値や習俗が解体されていくと同時に、英米で興隆する〝ニューエイジ〟（個人の宗教的体験や意識に関する新しい潮流）の影響が日本にもやってくる。それは〝精神世界〟

などと呼ばれ、1970年代後半あたりからひとつのムーブメントを形成した。瞑想や自己変容、生まれ変わりや来世、トランスパーソナル心理学や脳科学、さらには自分探しや癒しなど、非日常的技法に魅了される人々は少なくなかったのである。さらに90年代に入ると、ヒーリング、ディープエコロジー、チャネリング（異次元との交流）、臨死体験、終末論など、スピリチュアルな領域は花盛りとなる。[*1]

精神世界ブームに加えて、80年代から90年代前半には「墓参り」や「巡礼」なども盛んになる傾向が見られ、さらには医療や福祉の領域においても、〝スピリチュアル（霊性）〟の問題が論じられるようになった。この状況は「宗教回帰現象」などとも称されたのである。

振り返ってみれば、この頃から「消費者体質と宗教」「道具化される宗教」という流れは強くなっていたのである。私は当時、そこをうまく捉えられていなかったと思う。単に〝世俗化〟のリバウンドとして、宗教回帰現象が起こっているように考えていたのだ。しかし、どうやらそんなシンプルな現象ではなかったようだ（そもそも日本は近世以来、独特の世俗社会なのだ。欧米とは事情が異なり、世俗社会vs宗教社会という図式にならない）。我々の消費者体質は次第に根強いものとなり、その文脈の上で宗教も配置されるようになった、と見る方が実情に近いと思う。消費財としての宗教、情報としての宗教、道具としての宗教といった傾向へと進んでいる。自分探しや癒しが求められた時期を経て、今は療法メソッドとしての宗教に注目が集まっている。まさに現代人は消費者体質で宗教を活用しているのである。

もちろん、その一方で、そんな薄められた宗教性では満足できない真摯な問いをもつ人たちも少なからず存在する。ライト感覚の宗教では、自らの苦悩が解決しない人たちである。そしてその人たちがはまった陥穽のひとつにオウム真理教があった。

2 オウム真理教事件

平成の30年における宗教を振り返る時、真っ先にオウム真理教事件を取り上げねばならない。カルトやマインドコントロールといった用語も、この事件によって一般に膾炙されるようになった。

1990年代になって、世界各地でカルト宗教事件が連続して起こる。反社会的な宗教団体を指す用語として「カルト」が使われるようになったのもこの頃である。[*2]

世界を揺るがした宗教カルト事件をいくつか紹介しよう。少し時代がさかのぼってしまうが1978年に南米ガイアナで起こった人民寺院事件（教祖のジム・ジョーンズと信者900人以上が集団自殺）がよく知られている。この事件の印象は、日本の「イエスの方舟事件」にも影響を与えた。[*3] そして、1990年代に入ると、米テキサス州で起こったブランチ・ダヴィディアン事件（教祖のデビッド・コレシュと信者たちは、FBIとの銃撃戦の末、自ら建物に火を放ち、コレシュを含む信者88人が死亡、1993年）や、スイスとカナダで起こった太陽寺院事件（信者計53人が集団自殺、1994年）などが起こる。そしてなんといっても、平成7年（1995年）3月に起きた地下鉄サリン事件である。世界の人々を震撼させたカルト宗教事件なのだ。

＊1　宗教学者の堀江宗正によれば、〝スピリチュアリティ〟や〝スピリチュアル〟の用語が日本で一般に使われ始めたのは、1995年以降ということである。
また、この用語については、平成10年（1998年）1月19日から開催された第101回WHO（世界保健機構）執行理事会において出された提案が世界の耳目を集めた。健康の定義に「スピリチュアル」という用語を入れようと言うのである。
（従来の健康の定義）
"Health is a state of complete physical, mental and social well-being and not merely the absence of disease or infirmity."
「健康とは、完全な肉体的、精神的及び社会的福祉の状態であり、単に疾病または病弱の存在しないことではない」
（提案）
"Health is a *dynamic* state of complete physical, mental, ***spiritual*** and social well-being and not merely the absence of disease or infirmity."
この提案は総会で否決された。欧米には19世紀の心霊主義（スピリチュアリズム）を連想させる「スピリチュアル」の用語にアレルギーがあったために反対された、などとも言われている。

この無差別殺人テロを起こしたのはオウム真理教教団であった。オウム真理教は、1980年代に松本智津夫（麻原彰晃）によるヨガ教室の形態から始まった。やがてオウム神仙の会を経て、オウム真理教教団へと至る。この時期は精神世界ムーブメントのただ中であり、依然としてオカルトブームも続いていた。松本智津夫は『ムー』や『トワイライトゾーン』などの雑誌にも取り上げられ、空中浮揚と称する写真も掲載される。1988年、静岡県富士宮市に総本部を置き、翌年には東京都から宗教法人として認可されている。日本全国各地に支部や道場を開き、ロシアなどにも支部を置いていた。信者は日本国内だけでも1万人以上いたという。

オウム真理教は、出家形態を重視する仏教教団を標榜していた。行動が過激化するにつれて、密教の教えを恣意的に振り回すようになる。ヒンドゥーの神々やキリスト教の終末論を取り入れたり、疑似科学を取り入れたり、ニューエイジ思想を取り入れたりと、自分勝手な解釈で諸宗教の教えを使って教義を作成した。後に『オウム真理教大辞典』という本が出版されるほどの独特のタームを使用し、独裁国家的教団体制で運営されていたのである。内部での暴力事件を隠蔽、国政選挙への挑戦失敗、巨額を投じた武装など、次第に反社会的傾向が強くなっていった。

オウム真理教が引き起こした一連の事件では、三十数名の死者と数千人の負傷者が出ている。主な事件として、「坂本堤弁護士一家殺害事件」「松本サリン事件」「駐車場経営者ＶＸ

＊2 カルトは宗教に限らず、商業カルトや教育カルトなど、マインドコントロールを使う反社会的な集団を指す。また、宗教カルトの場合、単なる狂信的な集団と反社会的集団を区別する意味で「破壊的カルト教団」とも呼ぶ。ちなみに、フランス語においては「カルト」は宗教の宗旨別を意味し、いわゆるカルト団体をセクトと呼ぶ。フランスは平成18年（２００６年）から「ミヴィルデス（Miviludes）」（セクト的逸脱対策関係省庁本部）という組織を中心に大々的にセクト対策を行って来た。これはセクトによる反社会的な行動に対する予防、抑止、対処のために作られた首相所轄の機関である。

＊3 昭和53年（１９７８年）から昭和55年（１９８０年）にかけて大騒動になった事件である。ただ、事件と呼んでよいのかどうかは微妙である。「淫祠邪教」「教祖が若い女性を拉致監禁」などと大騒ぎになったのだが、実情は違っていたからである。１９７８年に千石剛賢を責任者とする聖書勉強グループ「イエスの方舟」メンバー26名が姿を消す。それから2年余り、行方不明者の家族の手記が発表されるなどをきっかけに、日本中のマスメディアが「イエスの方舟」に集中。日本初のメディアスクラムといった状況になった。教団の行方はようとして知れず、「第二の人民寺院事件か」「教祖のハーレム」などと騒がれ、ついに国会でも取り上げられる。著名俳優の妻が入信と脱会の手記を発表したのも、トピックスのひとつになった。最終的に千石剛賢は逮捕される。しかし、蓋を開けてみれば、千石は集まった信者たちに振り回される人の良い中年男であった。千石は聖書の教えを実践しようと、小さなコミュニティを主宰していただけなのである。このとき、マスメディアは「宗教の取り扱い」がいかに難しいものであるかを実感したはずだ。結局、「イエスの方舟」の言い分に耳を傾けた『サンデー毎日』が、事実に迫ることができたのである。ただ、この経験が後年のオウム真理教の報道に影響を与えた可能性はあるのではないかと思う。

襲撃事件」「被害者の会会長ＶＸ襲撃事件」「目黒公証人役場事務長拉致監禁致死事件」「地下鉄サリン事件」「新宿駅青酸ガス事件」「東京都庁小包爆弾事件」などが挙げられる。また、「村井秀夫刺殺事件」「ＴＢＳオウム事件」「河野義行氏冤罪」など派生した事件も多い。逃亡中であった元信者の指名手配犯も相次いで逮捕され、死刑囚であった13名の死刑執行により、ひとつの区切りを迎えた。現在では後継教団が〝アレフ〟を名乗っており、さらに〝ひかりの輪〟や〝山田らの集団〟などの分裂・派生教団がある。

オウム真理教は仏教教団として成り立つための、伝統的な仏教の手続きに沿っていない。正式の律師からの「授戒」も、仏教経典に基づいて自らの立場を明確にする「教相判釈《きょうそうはんじゃく》」もないので、上座部仏教としても、大乗仏教としても、東アジア独特の仏教としても成り立たない。教理・教義が先立っておらず、状況に合わせて取り繕った後づけの理屈を駆使している。また、オウム真理教の教義は、オカルトやサブカルのノリが目につく。中世イスラーム世界の歴史学者であるイブン・ハルドゥーンは「伝統宗教を学ばなければ、宗教の毒を避けられない」と語った。伝統宗教が構築してきた鋼のような体系を経過せずに、オカルトやサブカル経由で教団設立へと至った歪みを感じる。

オウム真理教教団は、教祖の肥大した自我と欲望と、閉じた共同体の中で構築された独特の価値観によって、稀代の破壊的カルト教団となった。しかし、信者ひとりひとりを取り上げれば、自らの人生の苦悩と真面目に向き合い、真摯な問いをもった者は多かったのである。世俗に埋没する宗教に物足りなさを感じていたタイプの人たちなのである。戦後の日本は、伝統宗教も新宗教も〝在家主義傾向〟や〝現世主義傾向〟が強い。それでは救われない人がいる。世俗を否定し、精神世界こそ本物であるとする感性をもつ人がいる。そういう人は、「癒し」や「つながり」などといった薄められた宗教性では満足できない。抱えている苦悩をいかんともしがたいのである。そういう渇望をもった人がオウム真理教の波長にシンクロしてしまった。その結果、反社会的行動に手を染め、他者を傷つけ、殺害にまで及んでしまう。まことに宗教とは一筋縄でいかない領域であり、取り扱い注意の領域である。畏敬をもって、丁寧に扱わねばならない領域なのである。

宗教は反社会も狂気も暴力も内包している。だからこそ、宗教教団は社会とのせめぎ合う姿勢を手放してはならない。社会とは別の価値体系を抱えながら、社会と向き合い続けねばならないのである。「閉じた共同体」にはそこが欠落してしまう。閉じた共同体は、安易に社会の方を否定してしまう。社会がガラクタに見えるのである。また、破壊的カルト集団へといたる前段階・前兆としての「内部暴力」も、閉じた共同体内で処理されてしまう。オウム真理教の場合、一般社会から隔絶した集団生活、独自の秩序と理屈、暴力も肯定・正当化する教義の構築、武装することができる資金力など、諸々の悪条件が組み合わさり、カルト宗教教団へと傾斜していった。[*4]

そしてなにより、松本智津夫（麻原彰晃）という主宰者・教祖の存在が一番の問題点である。

閉鎖的な集団の中で優位な立場に立ち、信者の生殺与奪権をにぎった。松本智津夫は、盲学校での生活の中で、他生徒より圧倒的有利な立場に立ち、特権的な優越感を経験したとされる。やがて、オウム真理教教団内において、万能感で肥大した自己が暴走する。側近であった信者の中にはサイコパスだったと証言した者もいる。弱者に対する思いやりや共感や倫理観が欠如したパーソナリティだったと言われている。共感という心の働きがなければ、他者はゴミのように見えてしまう。ただただ他者を支配することのみが快感となってしまうのである。

平成の世に現れた異物であり、我々の日常とはかけ離れた存在であるかのように見えるカルト宗教教団。しかし、我々の日常とて、けっして自明のものではない。日常をおくる当事者にとっては、あまりにも自明であるかのように感じてしまって、この日常が「これが日常だと信じる人たちによってかろうじて成り立っている」ことに、無関心になってしまう。しかし、その日常には数多くの陥穽が口を開けている。また、その日常はいくつもの異なる日常との合作なのである。異なる日常を排除しようとすれば、自らの拠って立つところがあやうくなるのだ。このことを次項で考えてみたいと思う。

3　イスラームの波

　２０００年代の後半あたりから、〝ポスト世俗化〟との声が挙がるようになっている。この言葉を世に知らしめたハーバーマスによれば、〝ポスト世俗化〟とは「社会全体がおおむね世俗的であっても、宗教集団が依然として存在し、さまざまな宗教的伝統に依然重要性があることを考慮しなくてはならない社会を指す」（『公共圏に挑戦する宗教――ポスト世俗化時代における共棲のために』岩波書店）となる。この定義だと、要するに「いかに世俗化しようとも宗教の領域は残る」といった感じである。しかし、〝ポスト世俗化〟はもう少し積極的な意味をもっていると思う。たとえば、アメリカでのエヴァンジェリカルズ（福音主義者）の復興のような事態である。エヴァンジェリカルズは積極的に政治へ関与するという特徴をもっており、世俗化とは大きく異なる方向性である。そして、なにより〝ポスト世俗化〟論議の主要因にはイスラームの波がある。イスラーム社会は、世俗社会と相容れない。[*5] イスラームの波の拡

＊4 マインドコントロールの手法を盛んに活用した教団であることも大きな特徴だ。オウム真理教の場合は薬物も使用している。宗教における回心（コンバージョン）は、マインドコントロールに似た事態ではあるが、マインドコントロールは特定人物が対象人物をコントロールするために行われる。

＊5 イスラームは、キリスト教のように政教分離・世俗との分離ができないタイプの宗教である。したがって、世俗主義とは相容れない。

大は、キリスト教型近代国民国家の世俗社会を揺さぶっているのである。

日本においても、平成の世にイスラームの波がやってきたと言える。日本でイスラームの情報が一気に増えたのは、平成13年（２００１年）９月11日のアメリカの同時多発テロ事件以降である。その後、イギリスやフランスでイスラーム過激派によるテロ事件が起こるたびに、メディアが取り上げるようになっていった。さらにＩＳの問題や日本人人質問題[*6]によって、イスラームに関する知識の需要は増していった。

同時に、実際に我々の社会においてムスリムは身近な隣人となりつつある。この10年で、日本で暮らすムスリムは倍増しているそうである。イスラームに関わる話題の増加は、平成期の宗教を振り返る上で欠かせない事象である。特に１９９６年に開局されたカタールの衛星テレビ放送局・アルジャジーラの存在は大きい。それまで我々は（一部の研究者やジャーナリストの報告を除いて）欧米経由の歪曲されたイスラーム情報に影響されていたからだ。[*7]

また、実はムスリムたちのみならず、我々の社会には多種多様なニューカマーたちの宗教や信仰が生き生きと息づいている（拙著『異教の隣人』晶文社、参照）。我々はそれらの宗教について、できる限りバイアスの少ない知見を身につけ、互いに尊重し合う態度を育んでいかねばならない。アメリカに顕著なイスラーム・ヘイトやイスラーム・フォビア、フランスにおける世俗社会に同一化を求める政策、多文化主義といえば聞こえはよいものの実際には何世代を経ても溝ができたままのイギリスの状況、これらを他山の石とせねばならない。いったい日本政府はどのようなビジョンで宗教問題と向き合うつもりなのか。今のところさっぱりわからない。

実は、「世俗と宗教との対話」や「宗教と宗教の対話」はむしろ下降線をたどっているの

＊6 平成16年にイラクで日本人3名が武装勢力によって誘拐される。平成26年には2名の日本人がＩＳによって誘拐され、その後、平成27年に殺害されたと考えられている。平成30年には、3年4ヶ月監禁されていた日本人ジャーナリストが解放され、帰国した。

＊7 エドワード・サイードが指摘するように、冷戦構造が崩れて以降、欧米においては「イスラームは凶暴性の典型」であり、「現代性やリベラルな価値観に対してイスラームは断固戦うもの」であると喧伝されてきた。しかし、「イスラーム世界で現実に生起している出来事のなかで、『イスラーム』が関わっているのは相対的にわずかな部分に過ぎない。そこには、何十億もの人々が暮らし、何十もの国や社会や伝統や言語、そして当然のことながら数え切れないほどの経験があるのだ。これらの由来をすべて『イスラーム』と呼ばれる何かで説明しようというのは、端的に言って誤りである」のだ（『イスラム報道』増補版、みすず書房）。また、サイードは、中東問題について「すでに他の人々が定住し生活を営む国であったパレスチナにやってきて、彼らの社会を破壊し、彼らを追い立て、その三分の二を追い出したということ、加えて、イスラエルはパレスチナ人の（と同時にレバノンとシリアの）領土を何十年にもわたって軍事的に占領し、また、東エルサレムを一方的に併合するという、世界のいかなる国も承認しない振る舞いを演じ」ている事実を完全に無視して語ることはできないと主張していた。その通りである。

が現状である。異なる立場や異なる信仰同士の対話の必要性は、20世紀が後半にさしかかったあたりから盛んとなった。この議論は、第二バチカン公会議（1962〜65年）を契機として、1960年代に興隆する。第二バチカン公会議における「キリスト教以外の諸宗教に対する教会の態度についての宣言」（1965年）では、他の宗教を排斥することなく、敬意をもつべきであることが示された。[*8] この時期の「宗教に関する対話」への取り組みは、キリスト教の視点を中心に提示されたものであった。このような動きの背景として、当時すでに深刻化していた宗教間の紛争、他宗教への偏見・差別、社会のグローバル化などが挙げられる。

しかし、1990年代になると、世界各地でファンダメンタリズム（原理主義）が立ち上がってきた。現在の世界の宗教事情を俯瞰すれば、むしろこちらの流れの方が強力なのである。すでに、2000年代あたりから宗教間対話に対する失望が顕著になっている。たとえば、アメリカにおいては、メインチャーチの影響力が薄まっていくと同時に、偏狭な福音主義者たちが台頭してくる。また、欧米型近代社会を導入したエジプトやトルコなどにおいても、イスラムへの回帰現象が強まる。中東や北アフリカにおけるイスラム復興運動の中には、暴力的な活動へと走るグループも生まれている。

平成12年（2000年）8月にニューヨークの国連で開かれた「ミレニアム・ワールド・ピース・サミット」には1000人を超える宗教指導者が集まり、貧困の撲滅・環境問題・平和について話し合いが行われたが、「すでに芽生え始めていたファンダメンタリズムにこたえるような運動が、この宗教間対話というフィールドでは導かれることがないという事実がむしろ強調された」といった発言も見られる（山梨有希子「宗教間対話研究と実践の現状」『現代宗教』）。

つまり、草の根的な「宗教に関する対話」への取り組みがあることは間違いないものの、それは「対話しようとする人たち」の間で行われているだけであって、大きな拡がりへと展開していないというわけである。世俗と宗教、宗教と宗教の対話が冷え込んでいるのは、あきらかに主要先進国の社会状況の影響である。「宗教に関する対話は、社会状況によってやすやすと冷え込む」という誠に悲しむべき実情なのである。

ここで少し宗教に関する対話の態度について説明しよう。これについては、アラン・レイスが三つのタイプを提示している。排他主義（exclusivism）、包括主義（inclusivism）、多元主義（pluralism）の三つである（Alan Race, "Christians and Religious Pluralism", SCM Press）。

まず、「排他主義」とは、自宗教を絶対視して、それ以外の宗教に意義を認めない立場を指す。たとえば、3世紀初期の教父・キプリアヌスの「教会の外に救いなし」といった言葉

＊8「カトリック教会は、これらの諸宗教（ヒンドゥー教・仏教・イスラーム・ユダヤ教）の中にある真実で神聖なものを何も拒絶することはない。その行動様式や生活様式も、その戒律や教理も、心からの敬意をもって考慮する」（「キリスト教以外の諸宗教に対する教会の態度についての宣言」『第二バチカン公会議公文書　改訂公式訳』386ページ、カトリック中央協議会、2013年）

に代表されるような立場である。もちろん、自宗教を絶対視する傾向は大なり小なり避けがたい事態であり、そうでなければ信仰というものは成り立たない面もある。また、同じ信仰をもつ者同士のつながりは、人間の生きる力そのものへと直結しており（だから宗教コミュニティは独特の強さをもつ）、そのコミュニティはやはり排他的性格をもちがちである。宗教は、信じている者と信じていない者との境界を生み出す。その境界を生み出さないような宗教であれば、生きる力にもなり得ないであろう。大切なことはその境界を超える回路をどう担保していくかである。

次に「包括主義」とは、自宗教の絶対性や優位性を保持しつつ、他宗教の意義を認めようとする立場である。キリスト教で言うならば、キリスト教の眼から他宗教を解釈しようとする立場だ。たとえば、本地垂迹説（日本の神々の本性を仏教の仏であるとする説）は、包括主義の実例として見ることができよう。また、ヒンドゥー教には「仏教のゴータマ・ブッダはヴィシュヌ神の化身である」とする見解がある。これなども包括主義だと言える。つまり、自宗教と他宗教とは断絶しているとする排他主義に対して、包括主義では何らかの連続性・共通性があると捉えるのである。ただあくまで自宗教中心の見解なのである。

そして第三の立場として提唱されたのが、「多元主義」であった。１９８０年代に注目を集めた宗教多元主義は、自宗教と他宗教とを並列に捉える立場であり、価値的優劣を判断しない。宗教多元主義の思想を展開したジョン・ヒックは、しばしば「神はさまざまな名をもつ（普遍の神がそれぞれの宗教の名で呼ばれているだけ）」「ランプはいろいろと違いはあるが、中の火は同じ」といった比喩で、それぞれの宗教が通底していることを主張した。多元主義は宗教に関する対話を模索する際の手がかりとしても活躍したのである。

多元主義といっても多様な論があり、ひとくくりにすることはできないが、いずれも総じて「自らの信仰を相対化する」傾向をもっている。また、ある意味において「信仰の同一化」論でもある。

実はイスラームはもともと宗教多元主義的な言説を展開していた（イスラームには、すべてはひとつの神へと収斂されるとする〃タウヒード〃という思想がある）。そのためであろうか、宗教多元主義には好意的な論者が多い。サイード・フセイン・ナスル、アブドゥルアジーズ・サッチェディーナ、アドナン・アスラン、ターリク・ラマダーンなどを挙げることができる（塩尻和子『イスラームの人間観・世界観――宗教思想の深淵へ』筑波大学出版会）。

ただやはり多元主義は哲学的営みであって、相対化されてしまうことで信仰の内実が削がれるとの批判もある。そもそも万教帰一の立場は、きわめて一神教的であるとも言える。また、このような信仰の相対化がもつ問題点や論点もある。たとえば、どのような信仰も同等に尊重するといっても、カルト的な教団の信仰や反社会的な活動を行う宗教教団を尊重するわけにはいかない。

あるいは、多元主義的な立場に依拠した宗教に関する対話は、「ゴッドもアラーもブラフマンもダルマも同じ」などといった方向性が強かったが（J・B・カッブ「宗教的真理は『多』か『一』か」、武田龍精編『比較を超えて――宗教多元主義と宗教的真理　阿弥陀仏とキリスト・浄土と神の国』永田文昌堂）、いくら思想的につじつまを合わせても、各宗教特有の生活規範や行為様式といった身体性の問題が残る。たとえば、カトリックの信仰をもっていた遠藤周作は、著作『深い河』において、すべての信仰が大きな流れへと帰一する世界を描いた。しかし、それで宗教に関する対話が進むかと言えば疑問である。宗教は内面の問題だけではないからである。

国際宗教研究所研究員の山梨有希子によれば、近年は包括主義や多元主義的な言説が少なくなり、代わって個別主義（particularism）が注目されているらしい。「個別主義」とは、各宗教のアイデンティティや体系は思想・倫理・言語・実践の全体的ネットワークなので、他者が入り込むことは困難であるとする立場である。

そもそも宗教はさまざまな営みの総体なので、一般的にイメージされる「宗教」の枠内で捉えようとすると、異なる信仰が共存する方向へは進まない。宗教といえば、ついつい内面の問題だと考えられがちであるが、宗教においては生活規範や行為様式の問題やタブーの問題などもあるのだ。政治・経済・法律から、衣食住に至るまで、あらゆる場面で宗教は底流している。宗教はロゴス・パトス・エトスが編み物のように編み上げられた体系なのである。ゆえに、その文脈が異なれば、世界の見え方も違ってくるというわけである

むしろ、思想や内面の相違はそのままにしておくのがよいのだ。相違は、デスクトップに

ファイルを仮置きするように、いったん横に置いておく姿勢が必要なのではないか。個別主義からそのようなヒントを得ることができる（ただ、個別主義は、対話窓口をもたない閉じた体系になる具合悪さもある。この点について筆者は、２０１７年の第1回京都こころ会議国際シンポジウムで「信仰の共生」と題して言及している。いずれ京都大学こころの未来研究センターの雑誌に掲載されるのでご参照願いたい）。

やはり、宗教に関する対話というのは、草の根的な活動が本質であると思う。「誰かが仲介役として登場して、啓蒙活動を行い、手際よく問題を解決する」などというものではない。そして、草の根的な取り組みの歩みは微小なものである。大きな対立抗争が起これば、吹き飛んでしまうような微力なものでもある。しかし、この道しかないのである。チープな宗教情報に振り回されることなく、誠実に道を歩み続ければ、必ず呼応現象が起こる。宗教学者のジョージ・エバースは、「宗教間対話には様々な動きが出てきているが、その失敗にもかかわらず、対話という骨の折れる仕事よりほかに選択肢はないという確信が、それらの動きには共通して見られる」（"Trends and Developments in Interreligious Dialogue" in Studies in Interreligious Dialogue）とも語っている。失敗の繰り返しであり、遅々として進まないように思えても、やはり対話しか道はないのである。

イスラームの波は、我々に〝宗教という営み自体の再考を促す〟こととなるであろう。そして、その動きはすでに始まっている。長きにわたって世俗社会の中での日常を自明としてきた我々は、異質の宗教体系と草の根的なお付き合いをしていくことになる。いや、あらためて考えてみれば、自明であるかのような日常も、実はある種の信仰・信憑によって成り立っているのだ。だから、日常を異なる文脈で再解読する。キリスト教の文脈やイスラームの文脈で読み直してみる。それが対話の姿勢である。

すでに述べたように、信仰に折り合いをつけることは困難である。しかし、折り合えなくても共存はできる。そのような道筋を模索するのだ。

宗教の問題は、たとえ特定の信仰をもっていなくても、部外者であり続けることはできない。この問題に傍観者はいない。誰もが当事者なのである。

4　ソーシャルキャピタルとしての寺社評価

最後に、伝統的寺社に目を向ける動きについて少し触れておきたい。この動きは2010年代以降に見られるものであり、特に平成23年（2011年）に起きた東日本大震災以降、伝統宗教へ注目する傾向が目につくようになった。内田樹は、「東日本大震災を契機として浮上したのは〝日本人の霊的成熟〟についての問題である」と語る。また、ノンフィクション作家・石井光太は、東日本大震災で20ヶ所以上の遺体安置所や遺体捜索の現場で宗教者と会って、「祈りは力つきて倒れそうになった人をギリギリのところで支えるだけの力をもつ」

と確信したそうである。

平成22年（2010年）にＮＨＫが「無縁社会」と題した番組を放送した。無縁社会とは、地縁・血縁が途切れていき、各個人が孤立する社会を指すらしい。同時に高齢者の独居が社会問題として取り上げられ始めたのがこの時期であった。そんな中、東日本大震災が起こる。そしてそれ以降、ソーシャルキャピタル（社会資源）として寺社を見直す動きが活発化する。「公共性」と「コミュニティ」の拠点として寺社を再評価しようとする姿勢は、社会学者ピエール・ブルデュー、経済学者のグレン・ラウリー、政治学者のロバート・パットナムなどの影響が大きい。祭や民話など地域の宗教性が強いところは、コミュニティの持続性が高い。解体していく地域共同体、限界集落化する地方、それらの命脈を保つ資源として寺社を活用するという議論である。実際に、東日本大震災発生当時は、寺社が公共の場を提供した。また復興においても、さまざまな役割を果たしている。これもまた、平成期における注目すべき宗教トピックスのひとつである。平成期の終盤に起きた現象であり、それまではあまり見られなかった動きである。現代人が宗教的なものを求める流れの中で発生した、きわめて特徴的な事態と言えよう。カルト宗教事件の続発の影響で、伝統宗教へ眼を向ける人が増えたのかもしれない。あるいは、大きな災害に遭った時、人は伝統的な知恵に耳を傾けようとするのかもしれない。

伝統教団の宗教者として、また地方寺院の住職として、お寺をソーシャルキャピタルとして再評価してもらえるのはありがたい。なんとかその要請に応えたいとも思う。宗教者に公共性が求められているのも、肌で感じている。と同時に、社会のニーズに振り回されてしまうと、伝統宗教の宗教性がさらに薄まっていく可能性もあるとの懸念をもっている。あるオウム真理教の元・信者は「人生に悩んだ時、日本の寺は風景でしかなかった」と言ったそうである。もちろん、寺に関わっている人たちにとっては、日本の寺も決して風景ではない。とてもリアルな場である。しかし、メンバーシップ制の性格が強いことも確かで、メンバーではない人にとっては〝世俗社会に埋没してしまっている薄いもの〟としか見えないのだろう。

やはり、薄まった宗教性では満足できないという真摯な苦悩にも向き合っていかねばならない。仏教は2500年以上にわたって鍛錬に鍛錬を重ねてきた体系である。人類の知恵の結晶である。限界状況におかれた人が伝統的な知恵に耳を傾けようとするのであれば、そこにきちんと応えることができるような寺院は少なくないのだ。伝統仏教の寺院のポテンシャルを信じたいところである。平成期はまさに伝統仏教寺院にとっても大きな潮の変わり目の時であった。

小さな肯定

鷲田清一

鷲田清一（わしだ・きよかず）

1949年京都府生まれ。京都大学大学院文学研究科博士課程修了。大阪大学教授、大阪大学総長などを歴任。現在、京都市立芸術大学理事長・学長、せんだいメディアテーク館長。哲学・倫理学を専攻。89年『分散する理性』（のち『現象学の視線』に改題（講談社学術文庫））と『モードの迷宮』（ちくま学芸文庫）でサントリー学芸賞、2000年『「聴く」ことの力』（阪急コミュニケーションズ／ちくま学芸文庫）で桑原武夫学芸賞、12年『「ぐずぐず」の理由』（角川選書）で読売文学賞を受賞。他の著書に『ちぐはぐな身体』（ちくま文庫）、『「待つ」ということ』（角川選書）、『〈ひと〉の現象学』（筑摩書房）、『濃霧の中の方向感覚』『パラレルな知性』（共に晶文社）、『哲学の使い方』（岩波新書）、『しんがりの思想』（角川新書）、『まなざしの記憶』（写真・植田正治、角川ソフィア文庫）、『素手のふるまい』（朝日新聞出版）などがある。

平成という時代を一括りにして語ることにはたしてどのような意味があるのか。社会が一つの国として完結するものでない以上、それはいくらなんでも無理筋というものではないかという思いがある。

《歴史感覚》なぞと言うのはおこがましいが、あえてわたしの《時代感情》と言うにしても、これまたあてにならない。１９８９年。ベルリンの壁の崩壊に象徴される「冷戦の終結」のあと、先進国でナショナリスティックな保護主義と排外主義が世界を席巻しようとは、当時、想像だにしなかった。さらにあわせて、貧困と格差がこの社会の喫緊の問題になろうとはつゆ思うところではなかった。「バブル」という名のモノ・カネの氾濫を見やりつつ、消費が生存の普通の形になることで共同体というものが鬆《す》のようになってゆくのを目撃してはいたが、それがやがて少なからぬ人びとにとって、日々食いつないでゆくこと、生き延びてゆくことの困難として浮上しようとは夢にだにおもわなかった。歴史の脈拍というものが、わたしにはまともにとれていなかった。とはいえそういう錯誤や失態を「大いなる過渡期」だからと、そのせいにするわけにはいかない。

歴史の脈拍というものをいったいどこでとったらいいのか。歴史的な構造変容というものを測るためにどこに地震計を置いたらいいのか。なさけなくもこの課題はわたしにはいまもって手に負えない。

そこで、きわめて限られた位相ではあるが、わたしが平成の初めに取り組んだある問題のその後の帰趨を、あえて平成の30年に重ね合わせるかたちでたどることで、ここでの責めをふさぎたいとおもう。

　その問題とは〈否定〉である。

　事の発端はこうである。わたしにとって平成の始まりは、書き手としての活動の始まりと同期している。平成元年4月、哲学の論文集1冊と、衣服論とモード論の2冊、この3冊を同じ月に上梓した。1冊は「哲学会」という集団に、あとの2冊はそういう集団の外に宛てて。

　とりわけ後者の2冊は、ある限られた視角からのものではあっても、わたしなりの時代診断の試みではあった。〈消費〉にずっぽり浸った社会は、差異をたえず生産することでしか生き延びられない。「何かが終わって、いま、別の何かが始まりつつある」という物語を生産することで、つまりはこれまでとは違うものが生まれつつあるという幻想の下で、差異をたえず産出することで商品経済を回してゆく。わたしはこの「差異化」（これは当時「差別化」というなんとも品位を欠く言葉で表現されていた）の論理を「モード」の論理として解き明かそうとしていた。

　そのなかで、当時「モード界」を席巻する勢いであった三宅一生（イッセイミヤケ）や川久保玲（コムデギャルソン）、山本耀司（ヨウジヤマモト）といったファッション・デザイナーの仕事に、〝モードから下りるモード〟がモードの最先端に位置するという逆説を見たのだった。

流行から下りるというデザイン行為がもっともモーディッシュなもの、つまりは流行の先端としてもてはやされるという逆説である。流行外れ（アウト・オブ・モード）が、たとえば「自然派」だとか「エコ派」だとか、別の一つの様式になれば、それは当然、モードの一意匠、つまりはワン・オブ・ゼムとしてモードに回収されてしまう。パンク・ファッションの青年がコンビニのレジ前の列に並ぶ、そんなコマーシャルがあったように、流行外れどころかアンチモードですら、同時代のモードのメニューに不可欠の一メニューとなっていた。「アウト・オブ・モードという最新モード」として回収されないためには、みずからのコンセプトや様式それじたいをもたえず裏切りつづけなければならないのだが、それもまた「不断の自己刷新の試み」、つまりは「永久革命」としてモードの最先端に祭り上げられる……。もはや出口なし、である。そのような悪夢から下りるには、服をつくることじたいから下りるしかない？　そう思いつめて不思議はない場所にまで「前衛」デザイナーたちは追い込まれていた、あるいはもっとしたたかに、そのふりをしていたようにおもう。だがその潔さが、あるいはそのふりが、ふたたび「最先端」というタッグをつけられるのは必定だ。じっさい、たとえば腕が固定されて動かない、顔はすっぽり覆われるといった、着ることの無理な、そして色といえば黒ばかりの、葬式のようなコレクションが現われたのもその頃だ。

〈否定〉という行為が追いつめられている。〈否定〉の所作が歪んできている……。そんな感触とともに始まったのが、わたしにとっての平成であった。

不同意から否認、拒絶、無視、さらには排撃や抹消まで、〈否定〉にもさまざまな水準がある。とりわけ、反抗や不従順、ぐずりやふてくされというふうに、若い頃の精神のおさまりのわるさは否定的な言辞で表わされてきた。エスタブリッシュメントへの抵抗、カウンターカルチャー（対抗文化）、ドロップアウト（意図的な落伍）がまぶしく見える、そんな時代が、昭和40年代より平成まで、ずっと続いていた。そしてこれもまたモードという現象と無縁ではなかった、そういう反抗や対抗のポーズに多くの若者たちが煽られた。そもそも流行という現象そのものが過去の絶えざる否定としてある。そういう否定をこそ否認する〈否定〉の思考が、そのまま前者の否定のかたちを知らぬまにみずからもなぞっているという苛立ちが、おそらくここにはあったのだろう。

けれどもこうした〈大きな否定〉はいまの若い世代にはなじまないのか、「合わないな」「無理だな」と思えば、反抗も抗議もせずにその場から黙ってすっと消えるか、あるいは見限ってさっさと場所を変える。そういうふるまいを、わたしのいた大学という場所でもよく見かけるようになった。

〈反〉という抵抗を試みようにも、社会のほうがすでに鬆のようにすかすかになっていると感じるのか。あるいは、〈反〉という次元での抵抗など無効でしかないとすでに思い定めたのか。反撥や反抗でもって社会が動く、そんなダイナミズムにはもはや期待しなくなったのか。いずれにせよ、〈社会〉の底が抜けだしたという思いが日々つのる……。そんな感触があった。

じっさい、この〈否定〉の思考や感情を〈否定〉の現実が追い越してゆく場面を、わたしたちはそれほど時を置かずして見ることになる。貧困と格差という〈否定〉が、それこそ身もふたもないかたちでわたしたちの社会に浮上してくる。

貧困はつねに相対的なものである。食事もまともにとれず、生存の維持すら危うい「絶対的貧困」も、人と自然との剝きだしの関係のなかで露わになるのではなく、つまり食餌を求めて野をさまようのでなく、食堂やコンビニなど、廃棄される残飯に向かうことからも察せられるように、隅に追いやられた人びとというかたちで食糧の流通経路というシステムのなかに現出する。つまりそれは「分配」の問題である。いうまでもなくこの背景には、地域社会の「紐帯」の消失や非正規雇用の拡大、さらに「ワーキングプア」と呼ばれるような、働いても働いても貧困から脱しえないという労働市場や税制度の構造など、複合的な要因がある。しかもそうした貧富の格差は、「寄せ場」や「吹きだまり」といった限られた場所ではなく、社会全体に広がってきている。

戦後の困窮期から高度成長への「回復」のなかで、長らく日本社会は《一億総中流》という幻想に浸ってきた。住宅事情一つとっても、欧米諸国のミドルクラスと比べればお寒いかぎりだが、それでも人びとは社会から排出されることなく、じぶんたちが社会のぎりぎりのエッジラインに立っているとは意識せずにすんできた。日々じりじり気持ちを掻きむしられるのが、住居、服装、子どもの教育環境など、最低限の生活維持以外に使える懐具合の額としては小さいとはいえ、感情としてはかなり大きな「格差」であった。が、それでも人びとはじぶんが社会の周縁に立っているとはおもわずに済んできた。いいかえると、大勢の人たちが、じぶんがこの日本社会を構成する「普通の人」の一員だと思いなしえていた。

その「普通の人」ということでは一つ、折りにふれて思い出す行文がある。「日本人は普通の人がえらい」。ずっとそう憶えてきたのだが、中井久夫が記した文章はじつは以下のようなものである。（ここでの記述は米国人の歴史家と中井との架空の対話という体裁をとっているが、これは「私の自問自答」だと思ってもらっていいと、中井はことわっている）

なるほど、日本の政治家には魅力がない。では、なぜ、日本が近代化に生きのびられたか。日本では有名な人はたいしたことがない。無名の人が偉いのだ。めだたないところで、勤勉と工夫で日本を支えている無名の人が偉いのだ。この人たちが心理的に征服された時、太平洋戦争が始まった。

（「「昭和」を送る」、１９８９年）

「勤勉と工夫で日本を支えている無名の人が偉い」。ここでいう「工夫」とは、「既存のものをあまり目立って変えないようにし、外見は些細に見える変更の積み重ねによって重大な障碍を迂回し、精力の浪費なくして、中程度の目的に達すること」だと中井はいう。ただ、と、中井はここで一つの注釈をつける。「勤勉と工夫とに生きる人は、矛盾の解決と大問題の処理が苦手なのだ。そもそも大問題がみえにくい。そして、勤勉と工夫で成功すればするほど、勤勉と工夫で解決できる問題は解消して、できない問題だけが残る」というのである。戦後日本の保守系政治家たちは、事あるごとにバランス感覚が大事だとくり返してきた。ドラスティックで「極端な蛇行運転」ではなく「ヨットの操縦感覚」のようなものである。こういった物言いに対し、中井は、時代が安定しているときはそれでいいが、バランス感覚というのは「些細な軌道修正の積み重ね」だから、それだけでは「大変動には弱い」というのだ。

　オミコシというものは、なかなかひっくり返らない。だれかが疲れて力を抜いても、その分が平均に分散されて、オミコシは平衡を失わない。少数なら、ぶら下がっている奴がいてもかまわないくらいだ。しかし、ある限度以上を越すと、簡単にひっくり返る。

ここでいわれる「ある限度」とは、みずからの肩に重力を感じつつ、これにつねに一定度の対抗重力をかけ返しえている状態のことである。なにかの拍子に全体がわずかに傾いてふっと重力が抜けるときにも、次の瞬間に対抗重力をかける用意をしておくこと。一定数の人たちがこの対抗重力をかけ返すことを怠るとき、オミコシは一挙に大きく傾き、修復が不可能になる。その対抗重力をみながかけてくれているとあてにしていながら、それぞれがみずからはその押し返しを怠るときが、じつはもっとも危ういのだ。

このことを考えるときに一つ、思い浮かぶ比喩がある。「国はまるで積み荷のゆるんだ大型貨物船のようである。船が傾くと荷物が全部片《ママ》より、船は沈んでしまう」という、ドイツ系英国人の経済学者、E・F・シューマッハーが1970年代に述べた言葉だ（『スモール イズ ビューティフル』、小島慶三・酒井懋訳）。彼は社会にはある程度の大きさのくくりが必要だという。市場を場とする経済の一つの基準が社会を支配し、さらには国境をも呑み込んで浸透しだすと、社会の内的なまとまりが崩れ、その構造が「脆く、不安定に」なる。たとえば組合、結社、大学など、国家と個人の中間にある勢力が萎《しぼ》むと、個人も浮き草のように市場に弄ばれることになるというのである。

ある程度のくくりが必要なのは、床面積を大きくしておくためである。それによって底面との摩擦がより大きくなるから、一人の重量を超えた重量が床にかかるから、である。だから横にずれること、雪崩を打つようにずり落ちることもない。とはいえ床面積が大きすぎると、こんどは全体のなかに個人の存在が解消され、個人が糖質の砂粒のようになって、全体はおなじようにぐらつきやすくなる。要は、一人ひとりの役割がそれなりに見えて、そこをじぶんの「居場所」、つまりはじぶんがいていい場所、いなくてはならない場所として意識できている、そのような場所が要るということだ。

ところがこのある程度のくくり、いいかえれば、国家と個人のあいだにある中間的な集団が、この数十年間のあいだにどんどん痩せ細ってきた。理由は一つ、生活維持のために不可欠の《相互扶助》を、食料の調達、保険や年金、育児や介護の施設が、行政もしくは大企業のサーヴィス・システムに肩代わりされるようになったからである。人びとの生活共同体は《相互扶助》のしくみを欠くことができない。そのしくみが現代社会では、じかの「助け合い」ではなく、食料流通にしても、育児や介護についても、エネルギー源の供給においても、防犯・防災においても、匿名のシステムによるサーヴィスを「買う」という構造（レジでの支払い、電気代・保険料の振り込みなど）に転換されたということなのである。

相互扶助という生活維持の最低の条件が、個人の支払い能力に転位させられている。当然、そのことによって、じぶんたちの生活維持にかかる負荷がじかに感じられなくなってくる。そう、御輿の重さが実感できないのだ。リアルの水位が変わってくるのだ。

そういえば、「「昭和」を送る」の中井は、先の話につづけてこうも述べていた。人がたがいに「あて」にしあう社会。だれかをオミコシに担ぎ、その人に「おまかせ」にする社会。そういう空気に漬かっていると、人は「信頼せずして期待し、あてはずれが起こると「逆うらみ」する」ようになると。

その「逆うらみ」はたとえば選挙に露骨に出てくる。現今の選挙制度はそのさほど大きくないぶれを極大化する結果をもたらすというのもまた、平成の時代にわたしたちが目撃した光景である。だが、それに劣らず無視できないのは、人びとの異様なまでの分断という事態である。長らくわたしたちは、社会を有無をいわせず一つに統合するような動きを警戒してきた。個人をある同一の物語のなかへと糾合しつつ管理する動きである。が、現代、わたしたちがそれ以上に警戒すべきは、過剰な統合の逆、過剰な分断のほうである。

　収入の、雇用条件の、教育水準の、住居環境の、つづめていえば貧富の格差が、先進国においてこれほどまでに拡がろうとはおそらくだれも予感していなかったとおもう。この格差による社会の分断は、いわれなき誹謗中傷や憎言、露骨な排除を、歯止めもなく垂れ流すような状況を生みだしてきた。「それを言っちゃあおしまいよ」といった身も蓋もない言動が、なんの抑制もなしに野放しになる、そんな事態を呼び込んできた。

　こうした剝きだしの感情表現には、節度や品位といったオブラートさえない。〈否定〉ということから品位が脱落した？　いうまでもなく、〈否定〉としての暴力行為、殺戮行為は歴史のなかでも後を絶たない。が、言説としての〈否定〉は、〈批判〉の行為、それもなにより自己批判の行為として、磨かれてきた。「寛容」というのがそのもっとも適切な例である。否認すべき論敵をも、論争的対決の相手（パートナー）としてその権利をともに守ること。「言論の宇宙」（a universe of discourse）はそういうものとして開かれたはずである。人類はそれを「人間の尊厳」の一つに数えてきた。「生きる」ということが「みずからの限界を感じとること、われわれに制約を与えるものを考慮に入れること」、いいかえるとこの世には「自分以外の審判が存在するということ」（オルテガ）が「あたりまえ」として共有されているはずであった。だが、人びとの言動から、ひょっとしたら人びとの日々のふるまいからも、この《制限》が外れてきた。私的欲望の無制限な膨張をかろうじて緊《し》めてきた縄が一挙に解かれたかのごとくに。

こうした「あたりまえ」の瓦解は、いよいよ社会の底が抜けだしたと言い換えることもできよう。「あたりまえ」とは、わざわざ説明などしなくても、社会の大半が一致できる意見のことだ。それの消失を、村上龍の長編小説『インザ・ミソスープ』(1997年)は主人公に次のように語らせていた。

> ジュンは学校の成績は普通だが、頭は悪くない、とおれは思う。今、ジュンの母親は何かの抽選で当たってサイパンに行っているらしい。だから、昨夜だってこのアパートに泊まっていっても親にはばれないわけだが、中学生の弟がいることもあって、十二時前には帰った。まじめ、というわけではなくて、ジュンは普通を目指している。普通に生きていくのは簡単ではない。親も教師も国も奴隷みたいな退屈な生き方は教えてくれるが、普通の生き方というのがどういうものかは教えてくれないからだ。

一つの価値規範が「あたりまえ」ないしは「常識《コモンセンス》」として定着しているというのは、それを人びとが共有しているからである。「あたりまえ」が「あたりまえ」でなくなるというのは、いいかえれば、「普通の人が偉い」というときの、その普通の人の所在が不明になったということなのだろう。

「言論の宇宙」の前提となる意見の多様性は、そういう「あたりまえ」が法律にではなく慣習としてゆるく共有されているコミュニティなしには存続しえない。じぶんたちの集団の構造的問題を、特定の集団を名指ししてそこに皺寄せするところに、そうした「言論の宇宙」は存立しえない。

文明や国家というものも、ほんらいは、わたしたちの共同生活がみずからを超克してゆこうとする意思の具体的なかたちとしてあったというのは、オルテガ・イ・ガセットである。

> 文明とは、何よりもまず、共存への意志である。人間は自分以外の人に対して意を用いない度合いに従って、それだけ未開であり、野蛮であるのだ。野蛮とは分離への傾向である。だからこそあらゆる野蛮な時代は、人間が分散していた時代、分離し敵対し合う小集団がはびこった時代であったのである。
> （『大衆の反逆』、神吉敬三訳）

こうした文明のなかでも「最も高度な共存への意志」を示したのが自由主義デモクラシーと、それにもとづく国家だと、オルテガはいう。オルテガは国家を一つの運動体としてとらえた。そしてこの運動としての国家は二つのアスペクトをもつという。「生成中の国家」と静止状態にある「既成の国家」であり、この二つはほとんど反対物だとする。いま少し敷衍していえば、国家は一方では、「人間に対して贈り物のように与えられる一つの社会形態ではなく、人間が額に汗して造り上げてゆかねばならないもの」であり、それは血統というような自然的原理から「脱却」し、「多種の血と多種の言語」を結合しつつ「自然的社会」を「超克」するところに生まれるものであり、そのかぎりで「混血的で多言語的なもの」である。「生成中の国家」とは、「内的共存」から「外的共存」へのこの変換の運動のことであるが、その過程で、運動としての国家がある種の均衡に達し、一定の静止状態《ステート》に入ると、国家は「強大な機械」に変貌する。人びとはそれを「自分の生を保証してくれている」ものとして考え、それが消えゆく可能性のあるものであることを忘れて、「恒久不変」の装置として受け取るだけになる。このとき国家は反対に、「社会的自発性」を吸収もしくは抹消する装置として現象しだすのである。こうして、「理由を示して相手を説得することも、自分の主張を正当化することも望まず、ただ自分の意見を断乎として強制しようとする人間のタイプ」がはびこるようになる。

こうして、いうところの〈否定〉の問題があらためて浮き立ってくる。

カール・レーヴィットは『ヨーロッパのニヒリズム』（1940年）で、「ヨーロッパ的生活」をしるしづける根本精神としての〈批判〉には「否定することの建設的な力」があるという。彼によれば、〈批判〉（＝否定）とは、「何か他のもの、知らないものを体得するには、あらかじめ自分を自分から疎隔すること、すなわち遠ざけることができ、それから、そのようにして自分から離れたところにいて、他のものを知らないもののつもりでわが物にする」（柴田治三郎訳）という態度のことである。「知らないもの」、ときには異郷にあって「不愉快」なものですら、それと認め、おのれのそれと比較し、吟味し、自己を他において認識することで、人はより「自由」になると彼はいう。ただし、この「自由」は、「人間を自分の中から取りだし、人間を自分に対して批判的にするあの喪失」という苦痛を「嘗め」つくすところでしか得られない。このような自己否定の積み重ねのなかで人ははじめて「自由」になるというのだ。この意味での否定は、探究ということを含み、過去の活動と制度のなかに含まれているものを手入れし、手直して、さらに少しずつ改善するためにこそある。だから「建設的」なのだ。おなじ自己刷新（＝否定）であっても、たえず差異の場所（＝利得の場所）を見つけないと存続できない資本主義のシステムとはそこがちがう。

この意味での〈否定〉の積み重ねは、ほとんど〈小さな肯定〉の積み重ねというにひとしいとおもう。

先にわたしは、〈大きな否定〉はいまの若い世代にはなじまないのか、「合わないな」「無理だな」と思えば、反抗も抗議もせずにその場から黙ってすっと消えるか、あるいは見限ってさっさと場所を変えるようだと書いた。この「黙って」消えるところ、「見限って」場所を変えるところには、〈大きな否定〉ではなく〈小さな肯定〉をもういちどゼロから積み上げてゆこうとの思いもまた生まれつつある。市場や制度に翻弄されるのではなく、生活上のさまざまの問題にじぶんたちの手でそれなりに対処できるよう、小さなサイズのコミュニティを足下から一つひとつ再構築していこうという動きである。わたしの周辺にも、オフィスをシェアしたり、住まっているその場所を職場にしたり、夕食時に「屋台村」に集ったり、「複業」「協業」というかたちでいろんな作業を担ったり、共同保育を始めたりした若い友人が、数は限られるもたしかにいる。

これはたしかに〈大きな否定〉、つまり世界のありよう総体への異議申し立て《コンテスタシオン》ではない。理想や理念を基に「アンチ」を唱えるのではなく、むしろ少しでもよい現実を置き石のように積み上げてゆこうとする態度であろう。いいかえると、「否定の否定」として、弁証法のように理念的にまとめるのではなく、〈小さな肯定〉を一つずつ体感で、足下に確認してゆく、そのような態度であろう。

底の抜けた社会を自前で再建してゆくその一歩なのだとおもう。集団が粘度を失い、まるで砂粒のように時代の構造変化に流されるばかりといった状況を、〈大きな否定〉ではなく〈小さな肯定〉を丹念に積み重ねながら押し返していこうという静かな意思をそこに感じる。それぞれに孤立し爪先立っている状況のなかで、じぶんが立つ床面積をわずかずつでも拡げてゆくこと。そのなかで、信頼、助けあい、おつきあい、憐れみ、共感といった古い「徳目」が、これまでとは違う感覚で模索されているともおもう。そして、問題解決のコンテクストをみずから紡ぎ、編んでゆくこと。これこそ民主的な社会における〈政治的〉な行動の基本だったと、あらためておもう。

そういう「押し返し」の試みを、最後に一つ、見ておきたい。それは、右でいう床面積を増やしてゆくときの〈道具〉をめぐるものである。

メディア（媒体）の存在は、基本的に善悪、正邪にニュートラルなものである。写真や映画の発明は正確な視覚的記録や新しい芸術を可能にしたが、同時に発明されてすぐに政治宣伝や地下の淫靡な快楽のために用いられもした。携帯電話や電子メールの出現は業務を飛躍的に効率化したが、同時にわたしたちの社会において人と人との関係を濃密にするかに見えてじつは崩してゆく一つの要因ともなった。これらがきわめて両義的な装置であり媒体であることは、だれもがそれらを使用するなかで実感していることだ。

ツイッターとかＳＮＳ（会員制交流サイト）についてもおなじことがいえる。身の上を明かさずに発信できる。匿名でも擬装でもいられるし、一人で多数に成り変わることもできる。一つの意見や感情に集団感染しやすいし、無責任な物言いや他人を傷つける言葉の礫が見境なく飛び交いもする。ヘイト、フェイク、デマ。攻撃、差別、侮蔑。そして「のけもの」や「いじめ」。そのような言動が堰を切ったみたいに溢れだす。ほんらい人をつなぐ媒体だったものが、逆に人を分断する媒体になる。

こういう歪《いびつ》さに囲まれると、この媒体をわたしたちはまだ〈道具〉として十分に使いこなせていないのではないかと考えたくなる。少なくとも人びとをつなぐ〈道具〉としては。

これをもっと創造的に使おうと提案しているのが、昨年刊行された佐藤知久・甲斐賢治・北野央《ひさし》の『コミュニティ・アーカイブをつくろう！』（晶文社）だ。甲斐、北野らは、東日本大震災直後、震災と復興を映像で記録する市民の活動を応援しようと、せんだいメディアテークに《3がつ11にちをわすれないためにセンター》（通称「わすれン！」）を開設した。その多彩な活動を、文化人類学者・佐藤とともに本書で綿密に検証している。

たいていの人が持つようになったビデオカメラやディジタルカメラやスマートフォンを、ポケットに入れた鉛筆で何かをメモするかのように使う、そのような〈道具〉へと鍛えてゆけないか、というのだ。これを彼らは、「自分の生活を文章に書いて記録し、それを集団のなかで読みあうことで、読み書き能力を高め、自分たちの生活についての認識を鍛え、生活をよりよくしよう」とした1950年代の「生活記録運動」になぞらえている。

新しい商品の出現は、わたしたちの消費や欲望のかたちを変える。飲料品一つとってもさまざまの新製品が販売され、わたしたちは選ぶだけ。そのうち、飲みたいのか飲まされているのかさえ明確でなくなる。媒体はCMをつうじて人びとの欲望のありようまでデザインしており、だから人の行動もますます型通りになる。あらかじめ知っているものへと閉じてゆく。おなじことがメディアについてもいえる。わたしたちもまた新しいメディアに「使われている」「煽られている」ということはないか。

甲斐らがその活動のなかで重要視するのは、集まった映像記録を公開し、それらについてみなで語りあうプロセスである。映像記録の利活用のなかで、ある種の「社会的責任」がゆるやかに深まってゆくのを目撃してきたからだ。

　これを映像に残し伝えたい、そんな思いから撮りはじめた映像を、自分だけのものではない「記録」として意識しだしたところから、撮られた人たちに対する「責任」とでもいえる感覚が芽生えてくる。もちろんこの感覚に活動が牽引されていると感じることもあれば、じぶんが伝えたいと思っていたのとは違った受けとめられ方にとまどうこともある。いずれにしてもパブリックな場での公開によって、いやでも記録者はある社会的な責任を負うことになる。「撮影した映像を見なおし、保管と公開のために何が不足しているのか、試行錯誤する」ことになる。そう、責任《リスポンシビリティ》という意識は人びとがたがいに応答《リスポンド》しあう、そのような関係のなかに生まれる。これこそ、「自分以外の他者が生きる文脈」に関わってゆくという、すぐれて公共的なふるまいだと、甲斐らは考えた。

「特別な技術と、社会的な後ろだて」を持っている研究者や行政担当者、アーティストら「専門家」とは違って、甲斐らはいわば素手でおこなう活動をめざした。それが「人びととメディアの関係を逞しくしていく」と考えたからだ。そしてこの「人びと」には未来の世代も含まれている。その世代がいつかある困難に直面したときに、通り一遍の「大きな物語」にすぐに取り込まれることなく、そこからの出口を求めて「過去に潜在している、さまざまな物語の多様性」にふれられるように、と。

問題解決への道をみずから素手で開いてゆく。そのためにこの新しいメディアを駆使できたとき、はじめてそれを道具として「使った」といえるのではないか。「人は自分のかわりに働いてくれる道具ではなく、自分とともに働いてくれる道具を必要としている」。イヴァン・イリイチのそんな言葉に「わすれン！」の活動は突き動かされているようにおもえる。

この文章を書き終えたあと、故・橋本治さんが共同通信に寄せた「最後のメッセージ」にふれた（わたしが目にしたのは「京都新聞」2月15日付けの遺稿「残されたものをかぞえる」である）。彼は低成長時代に惰性的にあえて無理な経済成長を企んでも「無駄な軋轢」が生まれるだけだとして、次のように書いていた——

ＡＩの導入も外国人労働者の受け入れも経済的側面からの要請です。経済の問題は数字の帳尻合わせで、数字で計れない人の心の問題はどこかへ行ってしまいます。「失ってしまったものはどこかから持ってきて、辻褄合わせをすればなんとかなる」と思っているようですが、それは「失われたものの数をかぞえる」という後ろ向きのことで、我々が考えなければいけないのは、「失われていないもの、残されているものの数をかぞえる」ということではないでしょうか。

橋本治さんのこの最後の言葉にも、〈小さな肯定〉への思いがこもっていた。

＊本稿は、「中日新聞」2019年1月26日と「神戸新聞」（2019年2月2日）に寄せた小文二つ（「小さな肯定」と「道具を「使えた」と言えるとき」）を大幅に加筆し、独立の論考にしたものである。

犀の教室
Liberal Arts Lab

街場《まちば》の平成論《へいせいろん》

2019年3月30日　初版

編　者　内田樹
著　者　小田嶋隆、釈徹宗、白井聡、仲野徹、平川克美、平田オリザ、
ブレイディみかこ、鷲田清一

発行者　株式会社晶文社
東京都千代田区神田神保町1-11 〒101-0051
電　話　03-3518-4940（代表）・4942（編集）
URL　http://www.shobunsha.co.jp

印刷・製本　中央精版印刷株式会社

ISBN978-4-7949-7037-4 Printed in Japan